臺灣政治
第三勢力的發展與演進

王鴻志 著

崧燁文化

目　錄

前言

第 1 章 緒論

1.1 研究意義

1.1.1 理論意義

1.1.2 現實意義

1.2 文獻綜述

1.2.1 有關臺灣第三勢力的活動記錄

1.2.2 臺灣第三勢力主要代表人物的主張

1.2.3 與「第三勢力」相關的理論性研究成果

1.3 學術貢獻與不足之處

1.4 研究方法與論文架構

1.4.1 研究方法

1.4.2 論文架構

第 2 章 基本理論梳理

2.1「第三勢力」內涵的演變發展

2.1.1 1949 年以前的「第三勢力」

2.1.2 當代關于「第三勢力」內涵的幾種觀點

2.2 對「第三勢力」概念的界定

2.2.1「第三勢力」的基本概念

2.2.2「第三勢力」五要素

2.2.3「第三勢力」的主要特徵

2.3 相關概念辨析

2.3.1 第三勢力與第三黨之關係

2.3.2 第三勢力與中間黨派之關係

2.3.3 第三勢力與利益集團之關係

2.3.4 第三勢力與非政府組織之關係

2.3.5 第三勢力與第三社會之關係

2.3.6 第三勢力與中產階級、中間階層之關係

2.4 第三勢力的類型區隔

2.4.1 政黨型第三勢力

2.4.2 社會運動型第三勢力
2.4.3 無黨籍人士及其團體
2.4.4 脫黨參選者
2.4.5 混合型第三勢力
2.5 第三勢力的生存機理
2.5.1 政黨型第三勢力的生存機理
2.5.2 社會運動型第三勢力的生存機理
2.6 臺灣政黨型第三勢力的選民基礎
2.6.1 關于中間選民
2.6.2 關于極端型選民
2.7 臺灣第三勢力生存的特殊政治環境
2.7.1 藍綠二元結構是第三勢力無法迴避的政治環境
2.7.2 第三勢力是國、民兩大黨之外的政治勢力

第 3 章 從第三勢力視角看臺灣政黨版圖變遷

3.1 從「第三黨」視角看臺灣政黨演變脈絡
3.2 第三勢力首次登臺——新黨的興衰
3.2.1 新黨的成立
3.2.2 新黨的歷程
3.2.3 新黨的作用
3.3 新黨衰落後臺灣政黨格局的演變
3.3.1 「2 大 +2 小」格局的出現
3.3.2 親民黨與兩大主要政黨的互動
3.3.3 「臺聯黨」與兩大黨的競合關係
小結

第 4 章 臺灣非政黨型第三勢力

4.1 社會運動型第三勢力
4.1.1 社會運動發展脈絡
4.1.2 社會運動的蹣跚成長——以「反核四」環保運動為例
4.1.3 社會運動的巔峰之作——紅衫軍「倒扁運動」
4.2 非政黨、非運動型的第三勢力
4.2.1 無黨籍人士及其團體概況
4.2.2 脫黨參選者概況

4.2.3 混合型第三勢力概況
小結

第 5 章 臺灣第三勢力存在的必然性與發展的侷限性
5.1 第三勢力的成長空間
5.2 保障第三勢力長期存在的結構性要素
5.3 第三勢力的價值與作用
5.4 第三勢力的未來前景

參考書目

前言

在臺灣政治發展的過程中，第三勢力是一個不斷引發關注但又眾說紛壇的話題，人們或看好其發展前景，或相信其能扮演關鍵少數角色，但也有相當比例認為它猶如曇花一現，很難產生實際影響力。本文以「臺灣第三勢力」為研究對象，在釐清其概念、內涵及類型的基礎上，以縱向方式梳理臺灣第三勢力發展的歷史脈絡，橫向上全景展示不同類型第三勢力的基本情況，力求透過現象發掘事物本質，提煉出關於臺灣第三勢力更深層次、規律性的認識。

本文認為，所謂「第三勢力」是指不依附於兩大黨而獨立存在，具備組織結構及領導人物，以參與並影響政治為目標，並能產生一定影響力的組織或有組織背景的個人。據此，可將第三勢力分為政黨型與非政黨型兩大類，其中非政黨型又下轄社會運動型、無黨派政治團體及個人、脫黨參選者、混合型等四種。第三勢力在島內政黨版圖變遷及政局演變的過程中，發揮了重要而獨特的作用，第三勢力也可作為觀察、理解臺灣政治的一個新視角。

本文研究發現，第三勢力存在的必然性與有限性之間的張力變化將決定其生存狀況。具體而言，第三勢力有其特定的生存空間，它在單一席次的大型選舉中幾乎沒有獲勝可能，但在複數選區或基層選舉中仍有出頭機會，制約其發展的因素包括：一是外部環境限制了第三勢力的活動空間，二是其本身成分複雜、較難以形成合力，三是其潛在選民基礎不具備完全轉化為席次的條件。儘管第三勢力在發展過程中面臨一些限制性因素，但它仍會在有限的空間內頑強生存，而確保其存在的條件中，多元開放的社會是其存在的社會基礎，選民對兩大黨的不滿是其存在的背景條件，而中間選民與極端型選民又構成支持其生存的基本力量，此外現有的政黨格局與選制設計又能為第三勢力的生存提供製度保障。

第三勢力長期存在、幾起幾落的發展歷程可以看出，第三勢力除在推動政黨版圖變遷及政局演變過程中具有重要作用外，還能夠在擴大民眾政治參與、引領社會議題、加強政黨監督、提升政治品質等方面發揮積極影響。第三勢力將長期存在，但受台灣藍綠二元對立結構制約，其僅能維持一定的生存空間。若從價值功能角度看，第三勢力的存在又具有實實在在的價值與作用，可從改革政治制度、變革政黨

文化、提升保障力度以及強化第三勢力自身素質等方面入手，探尋有利第三勢力發揮更積極作用的路徑。

第1章 緒論

1.1 研究意義

　　臺灣政壇已被塗上泛藍泛綠兩種主色調，藍綠二元對立似乎牢不可破，兩陣營的核心政黨——國民黨與民進黨是觀察、研究臺灣政黨政治的基本主軸與考察重點。但如果我們擺脫藍綠二元結構與思維的束縛，從國、民兩大黨之外去觀察臺灣政治，就會發現還有一個第三勢力的視角。第三勢力不但可在國、民兩大黨之間扮演關鍵少數，並以不同方式對政治生態施以影響，還可成為引領主流政黨走向與社會價值的風向標，條件成熟時甚至可能與主要政黨發生位次更替或引發政黨重組。

　　新黨的誕生代表著臺灣政治版圖上出現了真正意義上的政黨形態的第三勢力，也使外界對第三勢力的影響力有了全新認識。新黨在1994年的臺北市長選舉中得票率一舉超越當時執政的國民黨，大批過去長期支持國民黨的外省籍及軍公教選票流向新黨。到1995年「立委」選舉，新黨拿下12.95%的選票，成為僅次於國、民兩黨的第三大政黨。2000年，在「大選」中失敗的宋楚瑜組建親民黨並取代新黨成為台灣第三大黨。2011年以來，國親圍繞「立委」提名及「大選」整合問題展開博弈，親民黨及宋楚瑜一度被視為可影響2012「大選」結果的關鍵因素，而「臺聯黨」也以出人意料的勢頭一舉拿下9%的政黨票而成為本次選舉中的黑馬，這些都讓外界重新注意到，第三勢力仍是台灣政壇不可輕忽的力量，也促使學界更加重視對第三勢力及其相關問題的關注與研究。

　　第三勢力有政黨形態和非政黨形態兩種存在形式，前者如新黨、親民黨、台聯黨等，並始終在台灣政壇發揮作用。後者則以自身特有的方式參與並影響臺灣政治，2003年，簡錫堦以厭倦藍綠二元對立為名籌組「泛紫聯盟」，黃光國、張亞中等人也聯合社運界人士組成「民主行動聯盟」，再加上「百萬廢票聯盟」、「族群平等聯盟」等組織，在一定程度上對2004年「大選」結果產生了衝擊。2005年，李登輝在縣市長選舉前放話要組「第三勢力」，次年施明德將「倒扁」運動中興起的「紅衫軍」喻為政壇「第三勢力」。2007年臺第七屆「立委」選舉參選人登記，除國民黨、民進黨等臺面上常見的政黨外，又出現了紅黨、臺灣農民黨、第三社會黨

等新面孔，再加上「臺灣前途展望協會」、「臺灣競爭力論壇」、「人民火大聯盟」、「族群平等聯盟」、「公民前線」、「公民社會聯合會議」等政治團體，自我標榜為兩大黨之外的「第三勢力」一時風頭甚勁。李登輝還希望「獨派」人士、社運人士、農民和文化界代表、社會弱勢群體聯合起來組成一個有理想、有行動力的團隊——「本土派的第三勢力」。[1]2011年3月，施明德又與聯電集團前董事長曹興誠、藝人羅大佑、學者朱雲漢等發起「我心未死」運動，稱將集結厭惡藍綠「兩大爛蘋果」的第三股勢力來影響臺灣政局。[2]親民黨與「我心未死」運動也有接觸，希望其成員代表親民黨參選「立委」。[3]

總之，第三勢力是臺灣政黨政治的一個重要組成部分，研究第三勢力問題也成為觀察臺灣政治一個卓有新意的視角。

1.1.1 理論意義

如上所述，要想完整掌握臺灣政治的發展脈絡就必須對第三勢力進行研究。但目前學界對此問題的研究現狀並不令人滿意，尤其對臺灣第三勢力的研究更顯薄弱。一是現有對第三勢力的研究多注重史實材料的梳理，缺乏抽象的理論概括。二是大陸主要集中在對中華人民共和國成立前第三勢力的研究，缺乏對1949年後的臺灣第三勢力的跟蹤研究。三是台灣對臺灣第三勢力的研究主要注重政治人物的心理描寫或其行為的政治動機分析，缺乏從政黨理論高度進行探討。

本研究的理論意義首先在於，構建關於「第三勢力」的理論框架。「第三勢力」一詞目前在學術界的使用並無統一標準，早期對第三勢力的研究主要集中於1949年之前介於國共兩黨之間的第三黨，當代對第三勢力的界定也不統一，本書將從學理角度對第三勢力的概念进行學術化闡釋並具體界定何謂臺灣第三勢力。其次，建構第三勢力的分類體系，並初步探明不同譜系的生存機理。長期以來，學界不但缺乏對第三勢力的明確定義，更無對第三勢力的分類標準，本書試圖對第三勢力進行類型劃分，並嘗試解讀每種類型的存在機理。再次，建立以第三勢力角度觀察解讀臺灣政治的視角。以往我們主要以國、民兩大黨為參考對象觀察臺灣政治變遷，作者力爭透過本書的研究來建構第三勢力在解讀臺灣政治現象中的話語權與解釋力，並以此視角觀察臺灣政治。

1.1.2 現實意義

透過本研究進而把握臺灣第三勢力的基本情況與發展規律，主要有以下現實意義：

一是可將其作為理解臺灣政黨政治的重要切入點，進而更好地去認識、把握臺灣政治生態。研究臺灣政治的常規切入點很多，但從第三勢力的角度入手卻是一個新的嘗試。透過研究第三勢力，有助於回答臺灣現有政黨政治光譜下，第三黨有無生存空間、是哪些因素限制了第三勢力在台灣發展壯大、未來台灣第三勢力的發展前景如何等現實問題，最終的研究成果還有助於對台灣政黨政治的基本特徵與發展走向有一個更全面的認知。

二是對於推動和平統一大業具有現實意義。但遺憾的是，由於歷史及現實等諸多原因，台灣問題仍未解決。從解放初期的以武力解放台灣，再到「和平統一，一國兩制」偉大構想的提出，中央領導人為推動統一事業進行了不懈努力。進入新世紀，以胡錦濤為核心的共黨中央根據形勢變化，提出了新時期發展兩岸關係的主張，其中特別強調要貫徹寄希望於台灣人民的方針決不改變。要落實寄希望於台灣人民的方針，增進兩岸互信與瞭解，求同化異，就必須要瞭解和把握台灣主流民意走向，而第三勢力的重要社會基礎就是在一定程度上可代表主流民意走向的中間選民。因此釐清台灣第三勢力的相關情況有助於準確把握台灣民意走向，從而在制定對台政策、推動兩岸和平發展等問題上找到更加紮實有效的著力點。

三是對建設有中國特色的社會主義民主政治具有一定的借鑑意義。在建設有中國特色社會主義民主政治進程中，沒有現成的模式可照搬，我們必須要參考一切有益經驗。在內地，基層的村民自治與村委會直選已在全國範圍內鋪開，大陸的基層民主建設已取得積極成果。與大陸一海之隔的台灣，其民主化歷程雖不長，但其民主化的成就與教訓可作為大陸民主化建設可資借鑑的經驗。第三勢力作為現代政黨制度下的產物，它無論是在推動政治民主化過程中的作用，還是在選舉中產生的影響力，都對政黨政治的發展有重要影響。若能儘早瞭解把握第三勢力的特點和作用，尤其是在華人社會中的特徵，將對大陸在未來推動民主化的進程中，以趨利避害的方式處理該問題有重要的借鑑意義。

1.2 文獻綜述

目前研究台灣政黨政治、社會運動等領域的成果極為豐富，但對台灣第三勢力問題的研究仍顯薄弱。雖然「第三勢力」這個詞時常被提及，卻始終未出現全面系統的研究成果，既沒有關於此專題的大部頭專著，也缺乏很有深度的學術論文。其原因既有台灣第三勢力本身實力弱小、發聲能力有限，也與學術界對其重要性認識不足有關。關於台灣第三勢力的相關資料從時間的長度與內容的廣度來看，均跨越較寬領域並涵蓋較為龐雜的訊息量。

本書所使用的文獻資源類型包括：一是圖書館資源。如中國國家圖書館、中國人民大學圖書館、中國社會科學院台灣研究所圖書館以及台灣大學圖書館（台灣圖書館資源多委託其他研究人員赴台幫助蒐集）。二是網絡學術資源。如國家圖書館網絡資源、中國人民大學網絡資源庫（含CNKI、萬方等大陸主要數據庫）、台灣研究所資料中心數字資料庫、台灣華藝圖書資料系統等。

經過對上述來源的材料整理分析後，筆者將台灣第三勢力問題的已有研究成果歸納為三類：

1.2.1 有關台灣第三勢力的活動記錄

這些資料較為龐雜，且形式主要以新聞報導為主，是研究台灣第三勢力及寫作本書的基本素材。作者檢索台灣三大報紙《聯合報》、《中國時報》、《自由時報》，以及《中時晚報》、《聯合晚報》、《中央日報》網絡版、「中央社」、「中廣新聞」等媒體從1999年至2011年9月底前以「第三勢力」為關鍵詞的新聞報導，共獲檢索結果1411篇（見表1）[4]，從中發現如下規律：

表1：歷年來台灣主流媒體關於第三勢力的報導數量分佈

序號	年份	含「第三勢力」關鍵詞篇數
1	1999 年	12
2	2000 年	32
3	2001 年	13
4	2002 年	13
5	2003 年	38
6	2004 年	95
7	2005 年	37
8	2006 年	170
9	2007 年	330
10	2008 年	167
11	2009 年	102
12	2010 年	198
13	2011 年	204

　　一是2000年宋楚瑜籌組親民黨再次打破台灣兩黨獨大的政黨格局，關於第三勢力的報導一躍由前一年的12篇增至32篇。二是每逢重大選舉之前，第三勢力就會成為台灣政壇的重要話題。如「大選」前的2003年的報導量就由前一年的13篇增至38篇，2004年「大選」當年驟增至95篇，2007年更暴增至330篇。三是若台灣社會出現對選民政黨認同或投票行為產生重要影響的事件，「第三勢力」的曝光度多隨之升高。如2006年「倒扁」風起雲湧而致相關報導達170篇，2010年至2011年曆經「五都」選舉得票率「國降民升」的變化、馬當局政績不佳及國親「立委」選舉整合破局等重大事件後，「第三勢力」又成為報導焦點。

　　經作者篩選並刪除重複性報導後，上述媒體2000年以來關於台灣第三勢力問題的主要報導包括：

　　表2：2000年以來台灣媒體關於第三勢力的重要報導

年份	標題
2000 年	1. 整合第三勢力宋楚瑜決定組黨（《中國時報》） 2. 第三勢力重組政黨？被政黨重組（《聯合報》） 3. 親民黨應慎選路線定位（《聯合報》）
2001 年	1. 無黨聯盟示好李政團回絕（《中時晚報》）
2002 年	無
2003 年	1. 「泛紫聯盟」十日成立（《聯合報》） 2. 「泛紫聯盟」藍忐忑拉攏綠低調應變（《中國時報》） 3. 簡錫堦：新中間只是政治路線（《聯合報》） 4. 社運界組「泛紫聯盟」推總統人選（《聯合報》）
2004 年	1. 第三勢力拼版圖遇瓶頸（《中國時報》） 2. 民主學校至少提10人選立委（《自由時報》） 3. 年底立委選舉第三勢力衝擊泛藍總量管制（《中國時報》） 4. 大學生：廢票不廢藍綠才該廢（《聯合報》）
2005 年	1. 橘子變色超越藍綠（《中國時報》）
2006 年	1. 綠黨這回能否突圍而出？（《中國時報》） 2. 第三勢力制衡藍綠（《自由時報》） 3. 第三勢力組黨？蘇進強轉低調（《聯合報》） 4. 宋楚瑜：我就是第三勢力（《聯合報》） 5. 重組第三勢力「台聯」願扮積極角色（《自由時報》） 6. 李登輝組第三勢力2008推「總統」人選（《中國時報》） 7. 民進黨：第三勢力尚無空間（《聯合報》） 8. 馬憂心第三勢力竄起（《自由時報》） 9. 施籌組第三勢力討論組黨？（《自由時報》） 10. 第三勢力在台灣還能有怎樣的操作空間？（《中國時報》） 11. 「泛紫」解散朝第三勢力轉型（《中國時報》） 12. 從王謝到呂王李運作第三勢力（《中國時報》）
2007 年	1. 第三勢力小黨出奇招找票源（《中國時報》） 2. 李登輝：第三勢力超越統「獨」轉型契機（「中央社」） 3. 第三勢力共推「公民否決票」籲唾棄兩大政黨（《中時晚報》） 4. 民盟組成「入、返聯公投」反方意見辯論團（「中央社」） 5. 唐飛：用政黨票教訓藍綠（《聯合報》） 6. 突破藍綠32%盼國會出現第三勢力（《中國時報》） 7. 第三勢力一大堆政黨票難突破（《中國時報》） 8. 藍綠夾殺小黨將成失聲的第三勢力？（《中時晚報》） 9. 第三勢力的多重矛盾（《中國時報》） 10. 黃石城證實：王文洋曾想買台藝串連第三勢力（《中國時報》）

年份	標題
2007 年	11. 泛綠整合觸礁「台聯」：開放與第三勢力合作（《聯合晚報》） 12. 綠黨拼募款推出3不分區人選（《聯合報》） 13. 陳耀昌組「紅黨」爭不分區立委（《聯合報》） 14. 小黨加入選戰搶攻政黨票（《中國時報》） 15. 李登輝：第三勢力可能越來越大（「中央社」） 16. 台灣農民黨盼與紅黨聯手；褪綠衫「台聯」賭上政治生命（《中國時報》） 17. 籌組本土第三勢力李宴「獨派」社運人士（《聯合報》） 18. 小黨怒吼批藍綠扼殺第三勢力空間（《中時晚報》） 19. 第三勢力仍難出頭（《中國時報》） 20. 第三勢力誓師王文洋：藍綠不要的才是好人（「中央社」） 21. 鼓吹第三勢力王文洋會黃昆輝（《中國時報》） 22. 王文洋第三勢力「年底壯大」（《聯合報》） 23. 柯俊雄會王文洋醞釀第三勢力（《聯合報》） 24. 王文洋：台灣沒第三勢力空間（《聯合晚報》） 25. 王組第三勢力馬：無根據說法（「中央社」） 26. 唐飛籌組協會走中間路線綠營：樂觀其成（《中時晚報》） 27. 醞釀第三勢力「倒扁」總部將號招第二波「倒扁」（《中國時報》） 28. 公民前線今發表成立宣言（《聯合報》） 29. 綠營人士分析李向中間靠攏籌組第三勢力（《聯合報》） 30. 紅衫軍醞釀籌組第三勢力政團（《聯合報》） 31. 黃光國投入初選國民黨歡迎（《中國時報》）
2008 年	1. 第三勢力搶攻不分區席次（《中國時報》） 2. 立委選舉民間社團呼籲拒投兩大黨支持小黨（《中時晚報》） 3. 2008拼「立委」第三勢力藍綠夾縫突圍爭鋒（《自由時報》） 4. 立委選舉推薦連線為小黨發聲（《中國時報》） 5. 「台聯」、新黨夾縫求生跟大黨拚了（《中國時報》） 6. 跨越5%小黨走分眾路線（《自由時報》） 7. 第三勢力配票？唐飛：難（《中國時報》） 8. 整合第三勢力功虧一簣（《聯合晚報》） 9. 小黨得票破萬不分區全落空（《中國時報》） 10. 小黨下一步有轉型有歇業（《聯合晚報》） 11. 民調59%盼國會有第三勢力（《聯合報》）
2009 年	1. 城仲模：李前總統鼓勵適當人選籌組第三勢力（「中央社」） 2. 傳李施擬聯手成立第三勢力（《中國時報》） 3. 李宋會組第三勢力？立委：過度解讀（《中廣新聞》） 4. 汪笨湖：王文洋擬辦窮人銀行組第三勢力（《聯合報》）

年份	標題
2010 年	1. 李登輝組第三勢力2012拱林義雄（《聯合報》） 2. 點燃棄保之火宋省長還有第三勢力空間？（《聯合報》） 3. 「總統大選」國民黨防第三勢力見縫插針（《聯合報》） 4. 兩黨席次皆未過半第三勢力舉足輕重（《中國時報》） 5. 第三勢力拼2012？藍：對執政黨的警惕（《聯合晚報》） 6. 汪笨湖透露第三勢力拼2012結盟名單（《中國時報》） 7. 李登輝：從沒說要組第三勢力（《中國時報》） 8. 施明德：2012應有第三勢力（《自由時報》）
2011 年 （截至9月）	1. 「我心未死」運動施明德號召10萬人連署（《聯合報》） 2. 施明德：不選總統推第三勢力（《聯合報》） 3. 小黨伺機出招力衝不分區門檻（《聯合報》） 4. 親民黨不分區張曉風將列首席（《中國時報》） 5. 「我心未死」陣營力拱胡鎮埔（《中國時報》） 6. 陳淞山：親民黨把第三勢力氛圍炒起來了（《中央日報網路版》） 7. 宋施各有堅持第三勢力整合難（《中國時報》） 8. 組第三勢力破局宋施配不可能的任務（《中國時報》） 9. 宋楚瑜考慮以無黨籍身份參選整合第三勢力（《中國評論新聞網》） 10. 宋喊第二次革命郁慕明怒拋三問（《中國時報》） 11. 施明德宣布參選總統（《聯合晚報》）

1.2.2 台灣第三勢力主要代表人物的主張

　　此類材料均為台灣政壇或台灣公民團體、社運界等領域有影響力的重要人物關於「第三勢力」的言行或主張，其形式有宣言、綱領、法案或講話等，具有一定的思想性，是深入研究第三勢力來龍去脈及未來走向的參考。主要包括關於台灣第三勢力的：

　　（1）目的動機

　　一是打破兩黨獨大格局。「紅衫軍」運動領袖施明德認為，藍綠兩黨輪流執掌台灣政權好幾十年，並惡劣地享受利益，人民除了藍綠之外，別無選擇，因此考慮推出第三組「總統」候選人，應戰2012年的「總統大選」。[5]第三社會黨召集人周奕成稱，第三黨的意義在於其可以形成制衡的力量，在立法院裡提供一個清醒、前瞻的聲音。[6]紅黨主席陳耀昌也表示，紅黨的第一個獨特責任就是在國會中成立黨團，以成為制衡藍綠兩大黨相爭之基石。[7]

二是扮演弱勢代言人角色。「泛紫聯盟」召集人簡錫堦認為，第三勢力就是要以類政黨組織為弱勢爭取權益。[8]綠黨及「人民火大聯盟」的共同政見稱，「綠黨—火盟」的結合就是為了翻轉不公的體制，拿回普通人的政治權力，形成制衡黑金兩黨的社會新力量。[9]

(2) 自身定位

將第三勢力定位為藍綠二元結構之外或兩大黨之外的力量。陳耀昌稱，紅黨是唯一超越泛藍與泛綠陣營的新成立政黨。綠黨負責人潘翰聲也認為第三勢力是從舊有藍、綠兩邊分裂出來的。工人民主協會負責人楊偉中對此詳細論述稱，首先，應該跳脫藍綠框架，不以小藍小綠自居，也不是模糊的不藍不綠，而以本土的、進步的政治力量自我定位。其次，在爭論不斷的兩岸經貿關係上，是否可以思考這樣的共同底線：以確保人民的社會經濟安全、促進台灣的就業增長為前提來考慮經濟開放的尺度。在政治社會改革進程上，新的力量應該擬定四年內的主要任務，向選民作出明確的承諾。這樣的「第三勢力」應嚴肅面對它與草根社會力量的關係，不把選舉當做自己唯一的活動場域，也不把自己當作草根運動的天然代表。除了在國會內協助社會團體的議案外，更應該承諾將資源（比如一定比例的政黨補助款）回饋挹注給民間團體。[10]親民黨前立委劉文雄稱，親民黨在「國家路線」上會與國民黨密切合作，但在民生議題上，不排除與任何政黨合作。[11]

(3) 發展空間

自稱「第三勢力義工」的宏仁集團總裁王文洋等認為，第三勢力的空間在兩大黨之外，國、民兩黨黨員加起來不足百萬，若以1700萬有投票資格的選民計算，將有超過9成的台灣人民屬於「第三者」。[12]但也有觀點認為，「正因為人民既不滿意於綠的表現，也不放心將命運交給藍，才會有「第三勢力」的醞釀集結、趁勢崛起」[13]，即生存空間在藍綠二元結構之外。

(4) 生存困境

一是缺乏整合、力量混亂。王文洋多次強調，台灣政壇仍有第三勢力的空間，只是第三勢力小黨林立，有賴整合才能發揮力量。郭克銘亦認為，正因為過多政治力量的摻入，使得運動原本的純度變質，重新掉回藍綠政治惡鬥的老路。這個前車之鑒，絕對值得倡議籌組「第三勢力」者深思。

二是選舉制度使第三勢力無出頭機會。李敖認為，單一選區兩票制讓台灣只有

兩黨，但兩黨分肥，讓第三勢力無法出頭，宋楚瑜要出來搞「第三勢力」。[114]簡錫堦也同意此判斷，認為目前選制本來就不利小黨生存，除了既有的台聯黨和新黨，其他角逐政黨票的小黨都匆促成軍，在中間選民並不看好的心理因素影響下，中間選民難以撐開第三勢力。[115]

三是藍綠二元對立限縮其發展空間。周奕成認為，台灣的確有「第三勢力」的力量，只是缺乏制度的誘因，政黨把社會分成兩半，讓站在中間的人沒有立足之地。

四是政策規劃上存在不足。楊偉中認為，第三勢力成敗真正的關鍵在政綱、運動和組織上。在政綱上，從工黨到「泛紫」都要走勞資妥協、中間路線，其實和民進黨沒有本質區別，即使壯大也難逃民進黨變質腐化的老路。在運動上，往往是高知名度政客的個人秀，從來沒有真正和群眾運動結合起來。這種環繞個人而成的團體，也難有真正的民主可言，工黨和社民黨的不斷家變就是明證。這個新力量，得靠目前政壇之外的新人新思想與新組織才有出路。[116]

1.2.3 與「第三勢力」相關的理論性研究成果>

上述第一類關於「第三勢力」的活動記錄資料翔實，但缺乏概括與理論深度；第二類關於台灣第三勢力主要代表人物的主張，雖有一定理論高度，但其多為針對特定問題、在特定環境下的描述，概括性不足。除此兩類外，最具一定理論深度的研究成果有：

（1）專著與論文。台灣方面，經查詢台灣國家圖書館館藏目錄查詢系統，書名中含有「第三勢力」的書籍共計4本，分別是張君勱（1887—1969）所著的《中國第三勢力》，萬麗鵑所著《1950年代的中國第三勢力運動》，1993年「行政院大陸委員會」編輯出版的《中國大陸的「第三勢力」》，以及日本學者菊池貴晴所著《中國第三勢力史論》。這些著作所關注的「第三勢力」主要是指近代中國的自由民主運動及1949年前後國、共兩黨之外的第三勢力，而研究當代台灣第三勢力的專著則為零。學術論文方面，雖然該議題已引發多方關注，但專門論述台灣政黨政治中第三勢力問題的論文數目有限，一篇是台灣大學教授林水波的「政治弔詭及其管理——以發展第三勢力為例」[117]，對第三勢力產生的必然性及發展中面臨的困境均做

了較為全面的論述，但沒有對台灣第三勢力的概念及內涵進行界定。另一篇是台灣大學國家發展研究所碩士研究生黃國虹的畢業論文《台灣第三勢力之空間分析》（2011年1月），該文運用傳統及空間分析方法，找尋出影響台灣第三勢力空間分佈的因素，這是該文的主要學術貢獻與創新之處。黃文對第三勢力的定義明確了第三勢力是黨派或精英型代表而絕非普通選民，但不足是未對第三勢力的起源、類型、影響因素、未來走向等重要問題進行探討，對涉及第三勢力基本情況的描述仍不全面。

大陸方面，經查詢國家圖書館館藏目錄，發現與「第三勢力」相關的學術著作及論文有《中國第三勢力》（「中華民國」張君勱學會編譯）、葉興藝博士論文《現代中國第三勢力憲政設計研究》，但其研究對像是近代中國的第三勢力。中國人民大學教授周淑真所著、1993年出版的《中國青年黨在大陸和台灣》應是大陸學界較早研究台灣第三勢力的一本專著。該書較為系統詳實地介紹了中國青年黨的發展歷史，並指出中國青年黨「以國民黨與民進黨之間的第三勢力面貌出現」[18]，但由於該書發表時仍為國民黨一黨獨大，台灣外對第三勢力尚缺乏足夠重視，因此未從第三勢力角度進行更多全面深入的探討。關於當代台灣第三勢力的研究，一是張亦民、趙向前在《試論台灣政壇的「第三勢力」》[19]一文中，對新黨成立後台灣第三勢力的產生背景、發展前景及面臨困境進行了說明。二是廈門大學文勝武的碩士論文《台灣政壇「第三勢力」的發展空間分析——一種公共選擇的視野》，該論文屬於大陸近些年從學術視角探討台灣第三勢力的少數著作之一，但其對第三勢力的概念與內涵缺乏學術化的梳理與解釋，且資料蒐集不夠完備，無法準確顯示和說明台灣第三勢力的整體狀況。

（2）對研究台灣第三勢力問題有助益的基礎理論。具體包括：

關於政黨型第三勢力的研究。薩托利在《政黨與政黨政治》[20]一書中指出，「英國的自由黨仍有威脅性地徘徊在地平線上。在1974年2月的選舉中，自由黨在眾院獲得14席，且更為重要的是，這左右著多數平衡。」葛永光教授在其所著《政黨政治與民主發展》一書中探討了第三勢力對政黨政治的影響，主要強調第三勢力可引起政黨重組，繼而對政黨政治產生衝擊，如對政黨格局產生重大影響，使少數黨變為多數黨，多數黨成為少數黨，並造成某些社會團體對新興第三政黨持續性的支持，以確保該政黨在行政和立法部門維持長時間的優勢，以便選民對其的期盼能夠

落實為政策而得以貫徹，這當然亦會對選民的政黨認同與投票行為以及選舉結果產生影響。陳詩瑜碩士論文《我國政黨重組之研究——從1977年到2005年》[21]中，指若出現以第三黨為代表的第三勢力，就可能出現如下的政黨重組現象，一是既存政黨對第三小黨吸收的重組。此種情況是由於小黨因資源有限而無法與兩大黨抗衡，其主張又被兩大黨所吸納而至消失。但第三小黨仍透過議題引導等方式對兩大黨的政策取向與內部支持力量產生影響。二是兩大政黨之一被小黨取代並引發重組。這是由於第三黨的訴求恰恰吻合民眾所需，而兩大黨之一又不能適時反映民意而被第三黨所取代。被取代的政黨其部分成員轉為第三黨的中堅分子，第三黨同時吸收兩大黨的部分支持群體，並聯合其他在野小黨而發展成為能與另一大黨分庭抗禮的政黨。[22]

唐斯定理中的向心競爭與離心競爭理論。唐斯定理提出，在兩黨制下，政黨將進行向心性的競爭，削弱分野並以負責任的節制來玩政治遊戲。之所以採取向心競爭，是因為向心競爭是有回報的，因為游移型選民本身是溫和的，他們處於兩黨之間。[23]而第三勢力即生存於向心競爭或離心競爭模式之下，如果政黨競爭呈向心競爭態勢，「第三勢力」爭取中間選民的空間就會被擠壓，但第三勢力仍有可能是引發兩大黨向中間靠攏的吸引力量，而另有部分第三勢力則可能會訴諸左右兩邊的極端型選民尋求生存空間。在離心競爭狀態下，兩大黨各自吸引選民向左右兩極靠攏，社會因此呈　U型被撕裂狀態，此時出現的中間地帶就成為第三勢力的生存空間。

關於選舉制度對第三勢力的影響。按照選舉規則，可將選舉制度劃分為多數決制、比例代表制、混合制。法國政治學家迪維爾熱（Duverger）提出的「迪維爾熱法則」蘊含了選舉制度與政黨制度之間的關係及選舉制度對第三勢力的影響。該法則認為，一是相對多數決制傾向產生兩黨制，二是比例代表制導致許多相對獨立的政黨產生，三是兩輪決選制易形成多黨聯盟。迪維爾熱指出，在其他條件不變的情況下，若採行相對多數決制，則易使第三黨產生代表性不足的情況，即席次率低於政黨得票率。[24]但迪維爾熱等人也指出，影響政黨制度的因素還有很多，包括宗教因素、社會發展程度及經濟狀況、民族文化與歷史因素、城鄉差距、地區差別等。關於相關文獻的梳理可用下圖表示：

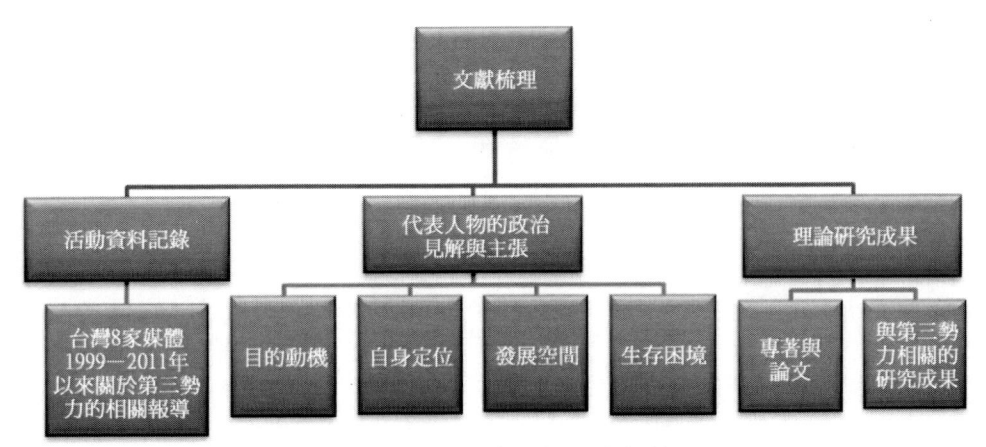

圖1：關於第三勢力的相關文獻梳理

1.3 學術貢獻與不足之處

本書對本學科發展從理論、知識、研究視角等方面的貢獻在於：

一是填補了台灣研究領域相關知識點上的一些學術空白。雖然第三勢力一詞在台灣研究領域已被廣泛使用，但多為應景式的看法，缺乏對其學術化、系統性的說明，本書學術貢獻在於，在占有豐富資料的基礎上，對台灣第三勢力問題提出了較為深入的學術化研究成果，並且很多提法、研究視角都具有一定的創新性，填補了本研究領域的一些空白。

二是厚實了對第三勢力的研究基礎。從知識積累的角度來看，本書透過對大量相關材料的分析，對第三勢力的概念核心及相關外延均進行了較詳盡的說明，對於未來研究第三勢力做出了有益的知識積累與探索。

但受作者本人學術能力及研究中遇到的難以踰越的某些客觀條件限制，論文仍存在一些不足之處：

在研究方法上，本書主要依靠文獻研究的方法，田野調查方法使用較少，缺乏對相關事件親歷者的訪談等具有更直觀感受的材料。

在研究內容上，本書對第三勢力的分類等研究成果只是作者的一家之言，可能仍存在諸多不妥之處。例如對第三勢力實際狀況的說明中，本書主要依靠民調數據以及歸納與演繹相結合的推理方式得出結論。

在研究者的個人能力上，由於作者政治學基礎理論功底仍不夠紮實，在運用相關理論的過程中有時略顯生疏，難免會對研究成果的質量產生影響。但幸運的是，作者導師對待學術的態度極為嚴謹負責，本書從構思創意到最後落筆及修改全過程

都親自嚴格把關，與作者一道進行字斟句酌的推敲，從而避免了因作者本人才疏學淺可能會犯的一些學術錯誤。此外，與作者共同工作的一些學者也不辭辛勞，以極為負責的態度對本書提出了寶貴的修改意見，又使作者得以對文章進行了非常有益的修改與完善。

1.4 研究方法與論文架構

1.4.1 研究方法

本書綜合運用文獻研究、定性研究與定量研究、個案研究等研究方法，探尋台灣第三勢力的本質、規律與全貌。

文獻研究法：文獻研究是一種透過收集和分析現存的，以文字、數字、符號、畫面等訊息形式出現的文獻資料，來探討和分析各種社會行為、社會關係及其他社會現象的研究方式。本書所使用的文獻研究法主要有內容分析、二次分析及現存統計資料分析等。其中，內容分析主要用於對大眾傳媒訊息的分析，透過考察人們所寫的文章、書籍等，來瞭解某些個人或群體的態度和特徵，進而瞭解和說明社會結構及文化變遷。二次分析法是對其他研究者先前所收集的原始數據進行的再次分析和研究，包括把同一種資料用於對不同的問題的分析和研究中，或者用新的方法去分析舊有材料，進而對原有的研究結果進行檢驗。本書使用的內容分析、二次分析及現存統計資料分析等文獻研究法，主要透過對第三勢力的活動報導、代表人物的重要講話、選舉統計資料等的研究，來探尋關於第三勢力的分類、特徵，並掌握其實力消長等重要變化。[25]

定性研究與定量研究法：定性與定量研究是兩種重要的社會學研究方法，其中定量研究側重於對事物的測量和計算，其突出特點是強調客觀事實。定性研究側重於對事物的含義、特徵的描述和理解，其主要目標是深入理解社會現象。[26]本書寫作需要建構第三勢力的理論架構體系，定性研究恰好與理論建構的目標相伴隨。在運用定性研究方法建構本書理論體系的過程中，第三勢力的相關理論是在研究過程中逐漸被髮現和形成的。而定量研究則在理論初步建構完成後，透過案例分析與數據比對等方式，來對第三勢力的理論成果進行檢驗。

個案研究法：個案研究法就是運用合理的研究技巧，選擇典型事件或代表人

物，作為實證來論證主題。具體到本書的研究，就是引用脫黨參選者、無黨籍人士中的代表人物，來論證第三勢力對選舉及政黨政治的影響力。

1.4.2 論文架構

本書的總體框架與邏輯是，首先就第三勢力進行文獻梳理，接著探討核心概念與外延，並對其類型與生存機理等重要基礎理論進行說明。在掌握基礎理論後，再對其進行分類研究，並以大量事實論證第三勢力的作用與影響，最終力求對台灣第三勢力有一個較為清晰的認識。

具體而言，第一章導言分為四部分，第一部分為選題依據，主要從理論與現實角度對研究第三勢力的意義進行說明。第二部分文獻綜述是本章重點，根據作者觀察，目前關於第三勢力的情況及研究成果主要包括三大類，一是關於台灣第三勢力的活動記錄，這些資料內容龐雜，是研究台灣第三勢力及寫作本書的基本素材。二是台關於第三勢力代表人物的言行主張，具有一定的思想性，是研究第三勢力的重要參考。三是與台灣第三勢力相關的理論性研究成果，其中與第三勢力直接相關的專著與論文數量極少，理論性研究尚未正式起步。但是，能夠對研究第三勢力問題有所啟發的理論卻並不鮮見，如唐斯定理、向心競爭、離心競爭理論、迪韋爾熱法則等。第三部分是本書的學術貢獻與不足之處，最後為全文架構介紹。

第二章為基本理論梳理，本章的主要內容包括，一是關於第三勢力內涵的演變發展及其概念界定、相關概念辨析等，這部分將對第三勢力是什麼做出較清晰的說明。第二部分主要對第三勢力的分類及生存機理、選民基礎進行說明，透過該部分可以深化對第三勢力的認識，以掌握深層次、規律性的要素。

第三章為政黨型第三勢力的研究成果，首先是從第三黨的視角觀察台灣政黨演變脈絡，隨後以新黨為例，探討第三勢力在台灣政壇的首輪興盛。新黨衰落後，台灣第三勢力並未就此偃旗息鼓，在2000年後又出現了「2+2」的政黨格局，親民黨與台聯黨成為第三勢力的新代表，第三勢力的活動又進入一個小高潮。

第四章是對第三勢力的另一半——非政黨型第三勢力的研討。從內容上分，此部分可劃分為社會運動型、無黨籍個人及團體、脫黨參選者、混合型等四大類。從作用上看，其影響力在一定條件下甚至超過了政黨型。

第五章為本書結論——台灣第三勢力存在的必然性與有限性，透過對第三勢力

的研究發現，第三勢力有其存在的必然性與價值，但制約其發展的瓶頸與如何破解之間的博棄仍在進行，其結果也將直接影響第三勢力的未來前景。

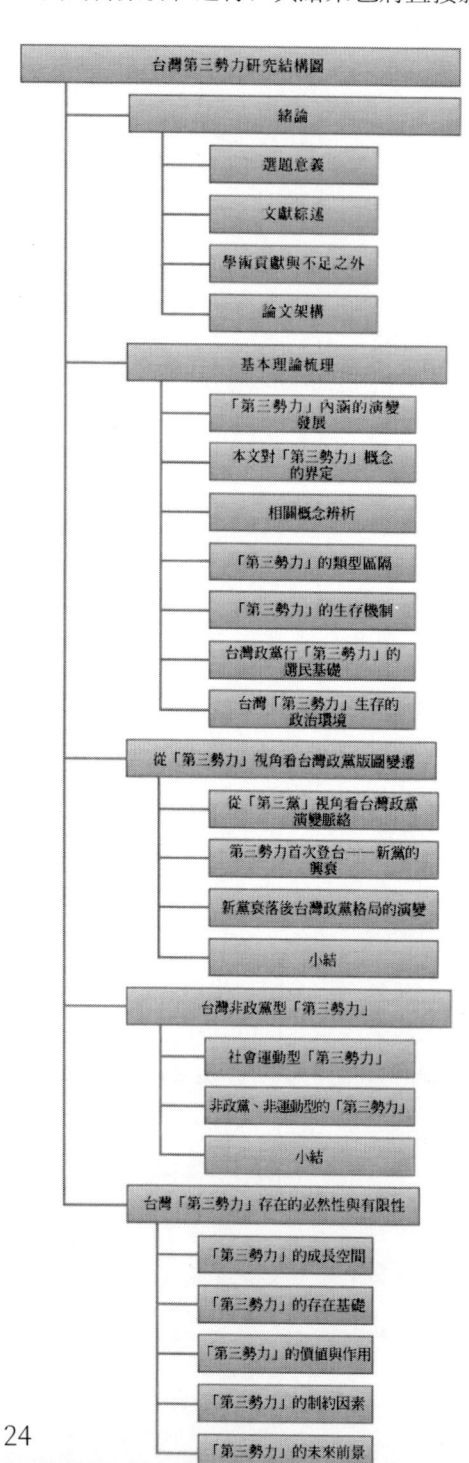

```
台灣第三勢力研究結構圖
├─ 緒論
│   ├─ 選題意義
│   ├─ 文獻綜述
│   ├─ 學術貢獻與不足之外
│   └─ 論文架構
├─ 基本理論梳理
│   ├─ 「第三勢力」內涵的演變發展
│   ├─ 本文對「第三勢力」概念的界定
│   ├─ 相關概念辨析
│   ├─ 「第三勢力」的類型區隔
│   ├─ 「第三勢力」的生存機制
│   ├─ 台灣政黨行「第三勢力」的選民基礎
│   └─ 台灣「第三勢力」生存的政治環境
├─ 從「第三勢力」視角看台灣政黨版圖變遷
│   ├─ 從「第三黨」視角看台灣政黨演變脈絡
│   ├─ 第三勢力首次登台——新黨的興衰
│   ├─ 新黨衰落後台灣政黨格局的演變
│   └─ 小結
├─ 台灣非政黨型「第三勢力」
│   ├─ 社會運動型「第三勢力」
│   ├─ 非政黨、非運動型的「第三勢力」
│   └─ 小結
└─ 台灣「第三勢力」存在的必然性與有限性
    ├─ 「第三勢力」的成長空間
    ├─ 「第三勢力」的存在基礎
    ├─ 「第三勢力」的價值與作用
    ├─ 「第三勢力」的制約因素
    └─ 「第三勢力」的未來前景
```

圖2：本書結構圖

注　釋

[1]. 趙正平著：《第三勢力崛起台灣》，《世界知識》，2007年第24期。

[2].《施明德號召10萬人連署，擬集結第三勢力》，香港中國通訊社，2011年3月6日特稿，網址：www.hkcna.hk。

[3].《宋楚瑜表態 有條件參選總統》，《聯合報》，2011年9月2日。

[4]. 　本資料來源為中國社科院台灣研究所台灣報刊數字資料庫。該檢索只是一個粗略的分類，其中部分文章關鍵詞雖然含有「第三勢力」，但並非本書所探討的台灣政治領域的「第三勢力」，也有的是其他國家的「第三勢力」。但剔除部分不相關文章後，該數據列表仍顯示出「第三勢力」在台灣近些年來的發展態勢。

[5].《施明德：不選總統 推第三勢力》，《聯合報》2011年4月11日。

[6]. 周奕成：《破解藍綠是非難題　第三勢力不能等的答案》，《中時晚報》，2007年10月12日專訪。

[7]. 陳耀昌代表紅黨所發表宣言：《紅黨的獨特角色與責任》，見紅黨網站：www.homepartytw.org/in-dex.htm。

[8].《泛紫要為族群對立找出口》，《聯合報》，2003年11月17日。

[9]. 見綠黨及「人民火大聯盟」針對2008年的第七屆立委選舉的共同政見，網址：www. greenparty.org.tw/index.php/election/election-database/2008election/151-2009-12-09-13-31-55。

[10]. 楊偉中：《第三勢力的多重矛盾》，《中國時報》，2007年11月16日。

[11]. 劉文雄：《橘子變色超越藍綠》，《中國時報》，2005年1月14日。

[12]. 王文洋著：《重建美麗的台灣》，天下文化出版，2007年10月。

[13]. 原「台聯黨政策會主任」郭克銘：《第三勢力制衡藍綠》，《自由時報》，2006年11月2日。

[14].《親民黨晚會李敖現聲籲宋搞第三勢力》，《蘋果日報》，2010年11月25日。

[15].《小黨得票破百萬 不分區全落空》，《中國時報》，2008年1月13日。

[16].楊偉中：《怎樣的第三勢力？》，《中國時報》，2006年6月29日。

[17].文見台灣《政策研究學報》，2009年第9期，1—18頁。

[18].周淑真著：《中國青年黨在大陸和台灣》，中國人民大學出版社，1993年，第299頁。

[19].見《中央社會主義學報》，1994年第2期。

[20].商務印書館，2006年。

[21].該文系台灣師範大學政治學研究所碩士論文，指導教授曲兆祥。

[22].陳詩瑜：《我國政黨重組之研究——從1977年到2005年》，台灣師範大學碩士論文，19—20頁。

[23].薩托利著，王明進譯：《政黨與政黨政治》，商務印書館，2006年，第280頁。

[24].王業立著：《比較選舉制度》，五南圖書出版有限公司，2006年，第40頁。

[25].風笑天著：《社會學研究方法》，中國人民大學出版社，2009年6月第3版，第229—248頁。

[26].風笑天著：《社會學研究方法》，中國人民大學出版社，2009年6月第3版，第13頁。

第2章 基本理論梳理

2.1「第三勢力」內涵的演變發展

蘇俄時期，社會革命黨人稱自己「既不是布爾什維克主義，也不是復辟勢力」，是「既反對無產階級專政，也反對地主資產階級反動派的第三勢力」，也就是將居於政黨光譜左右兩極之間的中間派稱為「第三勢力」，[1]但現代西方政治學界並未將「第三勢力」作為一個政治學專門術語，只是在涉及相關議題時，才根據情況，以第三黨、中間政黨及相關社會運動等一個或多個概念進行論述。而中國自現代政黨產生以來，國民黨、共產黨是兩大主要政黨，之外的許多小黨就把自身標榜為第三勢力，因此中國學界對「第三勢力」一詞使用較早。筆者在思考寫作本書的過程中，對第三勢力相關問題的瞭解與研究逐步深入，發現「第三勢力」在近代中國與當代的內涵存在差別，且類型遠不僅止於政黨型這一類，還包括社會運動型乃至無黨籍、個人等多種形態，因此在考察第三勢力的過程中，應該有更開闊的視野與角度。

2.1.1 1949年以前的「第三勢力」

「第三勢力」作為政治概念，在研究大陸早期政黨政治時就已開始使用。大陸學者認為，現代中國的第三勢力產生和形成於大革命失敗後國共兩黨政權嚴重對峙的10年內戰時期，並在抗戰烽火中得到發展壯大，在抗戰勝利後為調停國共爭端而躍上政治地位的巔峰，但終因國共和談破裂、喪失生存基礎而被迫解體。[2]1947年國民黨召開「國大」及國共徹底決裂後，第三勢力中的各黨派不得不做出非此即彼的選擇，部分青年黨、民社黨成員和自由派人士投靠國民黨，其他八個民主黨派與中共合作最終成為參政黨，現代中國的第三勢力作為一個整體至此終結。[3]

中國早期出現的第三勢力主要是指介於國共兩黨之間的中間黨派及地方勢力等。長期研究中國政黨及第三勢力的日本歷史學家菊池貴晴在其著作《中國第三勢力史論》中對第三勢力的界定為，「所謂第三勢力，是1927年大革命失敗到1945年8

月抗戰勝利這一時期，不屬於國民黨、共產黨任何一方，以中立姿態進行活動的40餘個黨派」。[4]葉興藝在其博士論文《現代中國第三勢力憲政設計研究》中，對第三勢力的概念界定為：「1927年大革命失敗到1947年國共兩黨徹底決裂、全面內戰爆發前夕，活躍在中國社會和政治舞台上，既反對國民黨的一黨專政及其保守性，又批評共產黨的暴力革命及其激進政策，以眾多性質相近的政治黨派和社會團體為依託，以民族資產階級、上層小資產階級以及自由知識分子為主體，追求自由、民主、憲政並試圖走第三條道路的政治勢力」。第三勢力「大致相當於中間勢力的代表性群體和人物，主要是活躍在社會政治舞台上並對時局和社會產生一定影響的政治勢力和人物」。《胡繩論「從五四運動到人民共和國成立」》文中指出，「中國現代史上，除了國共兩個角色外，還應有第三個角色，這就是中間勢力或者第三勢力。革命能勝利，是因為我們黨把中間勢力拉過來了，如果中間勢力倒向國民黨，共產黨就不能勝利，中間勢力的作用很重要」。毛澤東在《目前抗日統一戰線的策略問題》中也使用了中間勢力的概念，稱「爭取中間勢力就是爭取資產階級、爭取開明紳士、爭取地方實力派。這是不同的三部分人，但都是目前時局中的中間派」。中國社科院近代史研究所研究員聞黎明在其所著的《第三種力量與抗戰時期的中國政治·緒論》中，以「第三種力量」統稱中國現代史上的中間階層和中間黨派，但其內涵依在國共兩極之間……一個非常廣泛的與國民黨和共產黨在思想觀念、意識形態、政治目標乃至國內外政策等方面都有所距離的集團、群體，以及為數眾多的以個人身份從事政治活動的無黨派人士與自由知識分子，其中也包含國民黨內的一些開明分子。

2.1.2 當代關於「第三勢力」內涵的幾種觀點

中國早期的第三勢力在1949年國共內戰出現決定性轉折後戛然而止，隨後大陸建立了中國共產黨領導的多黨合作制度，而敗退台灣的國民黨在此後30多年間推行威權統治，禁止反對勢力組黨，對社會採取高壓控制政策，直到20世紀80年代民進黨成立及開放黨禁後，才為台灣第三勢力的出現提供了空間。根據筆者蒐集的資料，當代對第三勢力的內涵界定大致可分為兩大類。

2.1.2.1 從政黨制度角度對第三勢力的界定

討論第三勢力就不能迴避政黨及政黨制度。馬克思主義認為，政黨是指一定階級、階層或集團的積極分子為維護本階級、階層或集團的利益，圍繞著奪取政權、鞏固政權或影響政府而結合起來採取共同行動的政治組織。西方學術界對政黨的界定則抽掉了階級屬性，只強調政黨是以透過獲得大選的方式來影響政府的組織。[5]大陸學者認為，政黨是一部分政治主張相同的人所結合的，以爭取民眾或控制政府的活動為手段，以謀促進國家利益實現共同理想的有目標、有紀律的政治團體。[6]政黨制度是指各政黨之間以及各政黨與整個政黨制度之間的相互關係的總和，它表明政黨如何相互作用。[7]邁克爾·羅斯金將政黨制度分為一黨制、一黨獨大制、兩黨制、多黨制、兩大黨制；[8]薩托利將其劃分為一黨制、霸權黨制、主導黨制、兩黨制、有限多黨制、極端多黨制、粉碎型多黨制等。[9]大陸學者王長江在借鑑薩托利劃分方法的基礎上，將政黨制度劃分為八種類型，分別是一黨集權制、一黨威權制、一黨領導制、一黨多元制、兩黨制、溫和多黨制、極化多黨制和碎分化的多黨制。[10]

學界從政黨制度的角度對第三勢力的探討多由兩黨制或兩大黨制進行切入，其中有代表性的觀點如，台灣綜合研究院董事長黃輝珍所提的「第三勢力是區別於國民黨、民進黨之外的有意義的政治力量」，「開放黨禁以來，台灣一直有其他的有意義的政黨存在，早期有新黨，後來有親民黨、台聯黨等」。[11]廈門大學學者孫雲及文勝武指出，所謂「台灣的第三勢力」有廣義與狹義之分，廣義上的「第三勢力」是國、民兩大黨之外的所有政治力量，而不論其在理念或組織上與兩大黨有任何聯繫或依附關係。該廣義界定突出了兩黨之外的勢力，但缺陷又在於其涵蓋範圍過於廣泛，將「兩大黨之外的所有政治力量」皆納入，且「不論在理念或組織上與兩大黨有任何依附關係」。但事實上，兩大黨之外的部分利益集團、社會團體等如果長期依附於其中某一個大黨，那它事實上就是該政黨的外圍組織或代表，絕非具有獨立性的第三勢力。此類概念界定的關鍵因素有二：一是強調第三勢力是兩大黨之外的力量，即其生存背景是在兩大主要政黨之外；二是強調第三勢力必須是政治力量，即以參與並影響政治為目的。

2.1.2.2 從藍綠陣營角度對第三勢力的界定

中國當代第三勢力研究的主要案例為台灣地區的第三勢力，這也是本書的研究對象。由於台灣特有的歷史文化與政治生態，台灣形成了藍綠二元對立的政治結

構，因此也有學者從藍綠之外的角度去思考第三勢力的生存空間，由此得出關於第三勢力的概念。台灣大學國家發展研究所黃國虹在其碩士論文《台灣第三勢力之空間分析》中認為，國外所謂的「第三勢力」主要指非左非右的勢力，而台灣雖有藍綠兩大陣營，但無左右兩派的意識形態區隔，因此第三勢力是指藍綠陣營（藍營涵蓋範圍為國民黨、親民黨、新黨，綠營包括民進黨、台聯黨及「建國黨」）之外的所有勢力，其中包括地方勢力、脫黨參選者、無黨派及第三黨派等黨派勢力。黃國虹又將台灣第三勢力劃分為理念型與非理念型兩種，理念型第三勢力包括台灣綠黨、台灣慧行志工黨、公教聯盟、紅黨、客家黨、台灣農民黨等，但黃以其影響力較小，在文中並未討論。[112]其概念界定的關鍵因素，除強調第三勢力是藍綠兩大陣營之外的力量，一則還突出了第三勢力的組織性，即必須為黨派勢力，二則突出了其精英代表性，即第三勢力絕非個體普通選民，形式是黨派或精英型代表。廈門大學學者孫雲及文勝武指出，狹義上的「第三勢力」主要指介於藍綠陣營之間的中道力量，他們主要爭取藍綠陣營以外的中間選民，其政策訴求跳脫藍綠對立的政治議題，以關心民生為主，尋求「共同利益」。「第三勢力」主要包括第三社會黨、紅黨（紅衫軍）、綠黨、公民黨等，以及未來存在結社可能的潛在政治勢力。[113]其所謂狹義界定，雖然一定程度上界定了第三勢力的範圍，但最大不足在於台灣的現實環境下，「跳脫藍綠陣營的中道力量」在藍綠二元對立的大背景下，生存空間極其有限，甚至無法立足。

2.2 對「第三勢力」概念的界定

在瞭解「第三勢力」內涵的發展演變並總結相關資料的基礎上，本書擬建構關於台灣第三勢力的概念體系。

2.2.1「第三勢力」的基本概念

對第三勢力的概念界定可從廣義與狹義兩個角度去思考，筆者認為，狹義上的「第三勢力」主要是政黨型的第三勢力，也就是兩大主要政黨之外的第三黨。本書所討論的是廣義上的「第三勢力」，是指包括第三黨在內的、不依附於兩大黨而獨

立存在，具備組織結構及領導人物，以參與並影響政治為目標，並能產生一定影響力的組織或有組織背景的個人。

2.2.2「第三勢力」五要素

按照本書定義，從學理角度思考，其存在所需的要素應包括：

一是「第三勢力」須為兩大黨之外的力量。第三勢力成立的前提要件之一是必須存在「2」——即有兩個黨的存在才有所謂「第三」。若政黨格局為一黨獨大，根本未出現第二個相關性政黨，自然不存在第三勢力。在出現兩個主要政黨及第三勢力後，若兩黨實力對比發生變化，相應也會引發第三勢力狀況的變化。

一種情況是，「2」黨中一個為大黨，第二個政黨與第一個大黨之間有較大差距，例如實力對比約為「1：0.2」，[14]則有無第三勢力存在對作為「1」的大黨的影響將非常有限。二戰後至1993年以前的日本，其政黨版圖長期維持自民黨一黨獨大的態勢，沒有一個政黨有力量與其抗衡，在所謂「1：0.2」格局下就沒有第三勢力的生存空間。如果國民黨能夠以壓倒性優勢戰勝民進黨，那麼它根本不會在乎親民黨是否參選。

第二種情況是「1：1」與「1：0.7（至0.9　　之間）」這兩種競爭性的政黨格局下。在「1：1」的模式下，兩大黨勢均力敵，第三勢力的生存空間會受到壓縮，而在「1：0.7（至0.9）」的情況下，由於雙方雖接近勢均力敵，但又有一定差距，則第三勢力反具有更大發展空間。以典型的兩黨制國家美國為例，民主共和兩黨長期輪流執政，實力差別不大，此情況下，美國有第三勢力生存空間，但很難掀起大的波瀾。美國的第三黨從數量上看並不少，據統計，美國曾經有1100多個「第三黨」[15]，從時間、地域和影響來看，成立最早的是反共濟會（1826年），延續時間最長的是禁酒黨（1869—1976），[16]但這些黨普遍如曇花一現，只有進步黨在1912年大選中拿下最高的27.5%的選票，但仍然沒有機會問鼎總統寶座。美國的兩黨制下，第三黨出頭難已是不爭的事實，相反有些非政黨型的個人或團體卻有機會掀起一絲波瀾。其中最著名的是1968年華萊士以獨立候選人身份參選，並拿下全國選票的13.5%。另外，近期美國一場保守主義特徵的社會運動——茶黨運動也對兩大黨產生了一定影響力。茶黨運動是在歐巴馬新政背景下美國傳統保守主義向自由主義的

一次挑戰，是美國兩股政治思潮不斷交鋒的歷史延續，是「共和黨人中的共和黨人」發起的一場「草根」運動。[17]由於共和黨人在2010年中期選舉中與茶黨結盟，使得共和黨重新奪回了對眾議院的主導權，並大幅縮小了與民主黨在參議院的差距，「茶黨運動已成為共和黨與民主黨政治角力的關鍵點之一」[18]。但茶黨崛起對共和黨而言也是把雙刃劍，因茶黨與共和黨也非一家，已有茶黨候選人在各州初選中戰勝共和黨候選人，茶黨還可能導致共和黨分裂，甚至使其從中右溫和黨變成右翼政黨。[19]茶黨與民主、共和兩大黨之間這種既競爭又合作的關係就反映了第三黨在兩大黨之間的關鍵少數作用。[20]

在「1：0.7（至0.9）」的情況下，即兩大黨相互競爭且大體接近勢均力敵時，第三勢力最可能發揮「四兩撥千斤」的作用，影響力也最大。以台灣「大選」為例，2000年「大選」民進黨得票率為39%，國民黨為26%，而脫黨參選的宋楚瑜得票率則高達36%，甚至超過了國民黨的得票率，從而徹底改變了選舉結果，成為民進黨上台的最大「功臣」。2012「大選」，馬英九拿下51.6%的選票，蔡英文拿下45.6%，馬蔡差距6個百分點。在國、民兩黨實力接近的情況下，宋楚瑜的得票情況就可能成為影響選舉結果的關鍵因素。只是本次選舉宋的得票被有效壓制在3%以內而未對國民黨選情造成嚴重衝擊。

二是「第三勢力」要具有一定的實力與影響力。「勢力」一詞在《現代漢語詞典》中的解釋為政治、經濟、軍事等方面的力量，[21]本書所指的「勢力」要具備一定的影響力，如果是政黨，則必須為相關性政黨（見薩托利相關概念）[22]，如果是非政黨型的社會組織或個人等，也必須能夠對兩大黨施以一定影響。

三是「第三勢力」應具備獨立自主意識與地位。雖然第三勢力的實力無法與兩大主要政黨相提並論，但其應有一定的主體性，最低標準是不能長期依附於兩大主要政黨中的一方。若某第三勢力長期支持一個大黨而從未改變，沒有立場變化的記錄，則其就不能稱為第三勢力。有些「台獨」社團長期支持民進黨，就不屬於第三勢力的範疇。

四是「第三勢力」須具有政治性。第三勢力區別於其他政治團體或利益集團、社會團體等的一個重要特性在於，第三勢力不以攫取經濟或其他利益為目的，而僅以參加政治活動，透過對兩大黨及整個政黨政治施以某種影響來實現自身目的。如台灣慈濟等宗教團體，雖然力量很大，但並不具有明顯的政治性，因此也不能納入

第三勢力的範疇。台灣社會中的宗教信仰氛圍濃厚，因此每逢選舉，藍綠各黨派候選人均會前往各地廟宇參拜拉票，而廟宇管理方不願被打上黨派政治色彩，因此多採一視同仁的態度對待。

　　五是「第三勢力」要以某種有組織的形態出現。第三勢力不是鬆散的、自發的原子形個體，必須是有組織、有領導者的某種形式的力量。如台灣的無黨派團結聯盟，雖標榜無黨派色彩，但事實上其本身就是在台內政部備案的正式合法政黨，且可組建立法院黨團，因此真正的第三勢力絕非完全無組織的鬆散型個體。即使是脫黨參選者，由於其背後多有某些政治團體或社會組織進行支持，且必然建立自己的競選團隊，因此選舉中的脫黨參選者一般也具備第三勢力的要素。陳致中雖脫黨參選，其背後就有陳水扁的一大批死忠支持者及「急獨」團體「一邊一國連線」積極輔選；李敖雖為無黨籍人士，其2012年參選立委，背後的推手就是宋楚瑜及親民黨，也具有政黨背景。

2.2.3 「第三勢力」的主要特徵

　　第三勢力除應具備上述要素外，還含有下列特徵：

　　一是獨立性。第三勢力的顯著特徵是在兩大黨之外單獨存在，具有一定的獨立性。這種獨立性主要體現在其既不徹底依附於執政黨，也未被主要反對黨吸納，自身還具有獨立的綱領路線主張，且以某種獨立的組織形態存在。

　　二是搖擺性。第三勢力雖具獨立性，但受自身實力及政黨格侷限制，有的情況下需要在兩大黨之間的夾縫中求生，這造成第三勢力的搖擺性、投機性與跳躍性等特徵。即第三勢力會隨著政治情勢及自身利益訴求的變化，跳躍於兩大主要政黨之間進行「選邊」。以台聯黨為例，儘管其被外界視為「急獨」勢力的代表而打上了明顯的深綠色彩，但台聯黨也在政黨光譜的中間地帶不斷跳躍，爭取中間選民的支持。2006年紅衫軍「倒扁運動」爆發後，台聯黨即宣布與同屬綠營的民進黨切割，李登輝不但宣稱「領導人不對就換」，還表示如果能夠站在中間位置將國、民兩大黨初選中的失敗者吸收過來，第三勢力就可水到渠成了。[23]2007年，李登輝的老部下黃昆輝接任台聯黨主席，黃秉持李登輝對台聯黨要扮演第三勢力角色的思路宣稱，其上任後首要任務就是台聯黨的再造，未來台聯黨將走「中間偏左」路線，以

照顧中產階級和弱勢團體為訴求,並配合修改黨綱、黨名,突破外界對台聯黨刻板印象。黃強調,台聯黨絕不等於「台獨」,未來台聯黨不走穩健「台獨」路線,而是要走堅定的台灣「主體路線」,只要對人民有利的法案,不管提案政黨是藍是綠都會支持,希望外界不要再以「泛綠」看待台聯黨。

台聯黨向「中間偏左」靠攏的主要目的是要擺脫「台獨黨」及民進黨「二軍」的形象負擔,轉而爭取台灣日漸擴大的中產階級以及農民、勞工等中低收入階層的支持,並以「本土路線」為基礎,尋求與國民黨的互動,在國、民兩大黨之外拓展出第三勢力的生存空間。[24]但在2008年立委選舉遭遇重挫後,台聯黨的「中間偏左」路線轉型終止,台聯黨又重新擁抱深綠,將自身定位為捍衛台灣主體性的政黨,轉而繼續與民進黨分工合作、對抗國民黨。

三是模糊性。第三勢力在保持自身主體性的同時,常對自身的路線主張等進行模糊化處理,其目的在於防止被貼上非藍即綠的標籤,以爭取更多中間選民。如2012年「大選」中,宋楚瑜開始階段「左批馬右打蔡」,但實際上來自同陣營的攻擊對馬英九的殺傷力道更大。而進入最後衝刺階段後,宋在辯論會上卻並未對馬火力全開、批馬力道拿捏得體,同時在一些馬蔡混戰的議題上,宋的表態有替馬解圍、直接攻蔡的效果。

四是前瞻性。第三勢力的理念主張常具有一定的前瞻性,能夠代表先進的理念或多數民眾的呼聲。無論是新黨的崛起還是親民黨、台聯黨的誕生,都是在其敏銳地感觸到社會結構、政治生態及民意訴求的變化後,抓住機會,乘勢崛起於兩大黨之間。紅衫軍「倒扁運動」也是如此,運動總指揮施明德對群眾運動的規律有精準的把握,同時他也非常瞭解民進黨的特質與民眾的需求,因此可提出極具前瞻性的運動發展規劃,從而確保運動產生較為明顯的效果。當然,第三勢力的前瞻性又使主要政黨不斷「抄襲」第三勢力的政策主張,侵蝕第三勢力來之不易的選民基礎。

五是反主流性。雖然很多第三勢力被劃入藍綠陣營,但很多情況下,第三勢力對本陣營大黨的牽制效力甚至要大於對對手陣營的牽制力;若本陣營大黨是執政黨,那麼第三勢力更易表現出反主流的政治特性,如同反對黨的天然盟友。國民黨幾次實力下滑都與第三勢力有關。新黨的誕生源自於國民黨內部分裂,這也成為國民黨逐步衰落的開始。宋楚瑜脫黨參選,直接引發國民黨內部最大危機,最終讓國民黨付出了丟失政權、八年「在野」的慘痛代價。親民黨成立後,打著「藍旗」從

國民黨招兵買馬，直接導致國民黨喪失立法院第一大黨的位置，讓國民黨經歷了退台以來最為慘淡的一段時光。反觀民進黨，其從「在野」到「執政」再到「下野」，興衰過程受第三勢力影響甚深。2000年之前，民進黨作為「在野黨」，其與第三勢力之間常呈現主動或被動式的盟友關係，而2000年「大選」能夠上台，脫黨參選的宋楚瑜就是民進黨最大「福星」。民進黨在2004年的「政權保衛戰」中，儘管要應付國、親聯手帶來的挑戰，但由於國、親屬不同政黨，難以完全形成合力，於是給了民進黨以微弱優勢險勝的機會。2006年第三勢力新高潮——紅衫軍「倒扁運動」的興起，成為斬斷民進黨執政之路的關鍵性事件，這場運動打破了民進黨長期標榜的「清廉」招牌，也讓馬英九的清廉形象更能吸引選民，在很大程度上影響了中間及淺綠選民的投票意願。

2.3 相關概念辨析

由於第三勢力並非政治學專有名詞，且學界對台灣第三勢力的研究處於起步階段，因此在明確其概念之後，有必要對與其相關或相近的概念進行辨析，並探討它們之間的互動關係。

2.3.1 第三勢力與第三黨之關係

第三勢力與第三黨既有交集又有差別，雙方只有在兩黨制之下，均指具備第三勢力特徵的小黨時，所指內涵才相同。雙方差別在於，第三勢力的涵蓋範圍更廣，第三黨則僅是第三勢力在特定條件下的一種類型。《社會科學大詞典》中對「第三黨」的解釋為，「兩黨制國家中，除了兩大黨之外能夠影響政策、決定政權更迭的勢力較大的小黨」。[25]薩托利認為，「第三黨」至少應是「相關性政黨」，即讓主要政黨在競選或組建聯盟時不得不考慮到的政黨，如果一個政黨弱小到大黨根本不用擔心它來爭奪自己的追隨者，它就不是「相關性政黨」。[26]實行兩黨制的國家除對立的兩大黨外，一般存在一些較小的黨派，這些小黨的影響力不能與兩大黨相提並論，但在兩大黨勢均力敵的情況下，某些小黨的傾向可能決定哪個大黨上台執政，這時第三黨在政黨政治中扮演關鍵角色。

第三黨扮演第三勢力角色的典型案例如英國的「第三黨」。英國是政黨政治和議會政治的發源地，也是世界上老牌的實行兩黨制的國家。英國政壇兩黨制的主角歷經幾次變化，目前由保守黨與工黨輪流執政。但在兩大黨之外，議會還存在諸多小黨，其中自由民主黨（1988年由原自由黨和社會民主黨的多數派合併組成）實力最強，也被稱為「第三黨」。英國選民支持保守黨與工黨各約三分之一，其餘三分之一中的一部分支持自由民主黨，另一部分為浮動選民。[27]儘管自民黨實力不俗，在1997年的地方選舉中就已戰勝保守黨成為擁有第二多地方政府議席的黨，但由於英國大選實行小選區簡單多數當選制，結果導致自由民主黨在大選中所獲席次占總席次的比例遠低於其得票率。1992年大選自民黨在下院650席中獲得20席，1997年上升至46席，2005年贏得創紀錄的62席。但由於工黨贏得過半席次，因此自民黨並無緣參與組閣。形勢在2010年大選中發生了重大變化，本次選舉中自民黨得票率高達23%，但受選制制約只拿下57席，約占總席次的9%。由於工黨與保守黨席次均不過半，不能單獨組閣，因此占下院議席9%的自民黨就成為左右大局的關鍵。雖然自民黨與工黨政策立場較之保守黨更為相近，但基於與工黨結盟席次相加仍不過半，而與保守黨結盟可組建穩定過半的聯合政府，且保守黨同意由自民黨領袖克萊格擔任副首相，並釋出5名內閣大臣職務，最終自民黨基於政黨利益考量而與保守黨結盟，組建了英國戰後歷史上第一個藍黃聯盟聯合政府。[28]英國組建聯合政府的例子說明，「第三黨」在兩大黨之間既可依照意識形態結盟，也可能按照政治利益實現橫跨政治光譜的聯合，這也恰恰體現出「第三黨」的關鍵少數作用。同時，隨著中產階級與中間階層不斷擴大，標榜中間道路的第三黨或將獲得更多選民青睞，客觀上還促成兩大黨的「中間化」。

2.3.2 第三勢力與中間黨派之關係

對政黨進行分類的最基本方法是按照其意識形態進行從左至右的劃分，大致可分為左翼政黨、中左翼政黨、中間派政黨、中右翼政黨及右翼政黨等。[29]中間黨派的最顯著特點就是在意識形態上既不偏左又不偏右，努力在兩大黨或政黨集團之間保持平衡，吸引中間選民的支持。但此種中間而不偏左右亦非絕對居中，主要是指居於兩大黨之間且不依賴於其中任何一黨，與兩大黨絕對等距離的中間政黨只是一

種理想的狀態。中間黨派的產生與激烈的選舉競爭密切相關，許多政黨為贏得執政資源或進行策略性結盟，或因理念相近而結盟，因此常常集結成兩大政黨聯盟。但雙方很難完全吸納中間政治勢力的主張，從而為中間黨派的生存提供了空間。以實行多黨制的法國為例，能左右法國政局的主要黨派有四個，其中保衛共和聯盟、法國民主聯盟構成右翼極，法國社會黨和法國共產黨構成左翼極，另外還有諸多極右翼與極左翼政黨，以及中間派政黨——「公民運動-共和派」等。以2004年義大利大選結果來看，雖然各黨為求得執政資源而相互妥協，最終形成中左聯盟與中右聯盟，但仍有中間派聯盟獨立參選並獲得議會席次。

第三勢力與中間黨派的差別在於：第一，多黨制下不存在第三勢力，但可能存在若干中間政黨。只有在兩黨或兩大黨體制下，才有所謂的第三勢力。第二，中間政黨一定處於政黨光譜的中間位置，而第三勢力是在兩大黨之外，所謂的「之外」就包括三種情況，一是居於政治光譜中間，二是可能分踞光譜的兩極，此時的兩大黨反倒處於中間位置。三是第三勢力既在中間又在兩端（該情況下的第三勢力多為非政黨型第三勢力）。第三，第三勢力有政黨型與非政黨型兩種類型，而中間黨派只有政黨型一種。

2.3.3 第三勢力與利益集團之關係

（1）利益集團的內涵。政治學者戴維‧B‧杜魯門將利益集團界定為「一個具有共同態度的群體」，透過影響政府而「向社會中的其他群體提出一定的利益要求或某種聲明」。阿爾蒙德認為，所謂「利益集團」是指因興趣或利益而聯繫在一起並意識到這些共同利益的人的組合。大陸學者劉國深指出，應將政黨和階級的概念從利益集團的概念中剝離出來，因為人們往往會因此忽視政黨和階級以外的其他類型利益集團在政治過程中的角色和功能，同時也應避免將利益集團窄化為利益團體的傾向。[30]利益集團最主要的功能就是「利益綜合與利益表達」，此外，在條件成熟時，利益集團也可在一定範圍內參與政策制定並影響政治體系的運作等，在此特定條件下，利益集團與第三勢力之間亦可建立某種聯繫。

按照阿爾蒙德的觀點，利益集團一般可分為四種類型，即非正規性利益集團、非社團性利益集團、機構性利益集團和社團性利益集團，其中的非社團性利益集團

與社團性利益集團在一定條件下可發揮第三勢力的作用。非社團性利益集團是指沒有專門的組織，並建立在共同意識到的種族、語言、宗教、地區和職業利益的基礎之上，甚至可能是建立在家族關係和血統的基礎之上，如台灣的地方派系。社團性利益集團是專門從事利益表達的較為專業的利益集團，是最為常見並最具規範性的一種。例如遍佈全美國的「政治行動委員會」以及「美國商會」、「美國退伍軍人協會」、「扶輪社」等，再如台灣的「商業總會」、「工業總會」、「台灣省農會」、「慈濟功德會」等。

（2）多數利益集團不能納入第三勢力範疇。雖然許多利益集團具有較為嚴密的組織結構，且具備較強的實力與影響力，但多數利益集團不屬於第三勢力的範疇，其主要原因在於：一是利益集團主要以維護並擴展相關利益群體的經濟利益為主要目的，而不以參加政治活動為目的，因此缺乏第三勢力應有的政治性特徵，且利益集團一般也不願如第三勢力一樣，提出相對獨立而明確的政治主張。二是利益集團為實現自身訴求，必須尋求兩大主要政黨尤其是執政黨的支持，因此易依附於第一或第二勢力，甚至成為它們的外圍組織，這樣也就喪失了第三勢力應具有的獨立性特徵。三是第三勢力應能夠對政治進程及政治活動產生一定的影響力，而利益集團雖也可能參與政治，但其發揮影響力的方式較為間接，因此其作用亦不明顯，效果不易判斷。

（3）利益集團在一定條件下可扮演第三勢力角色。儘管利益集團有「第三勢力式」的表現，有時也可稱為「第三勢力同路人」，但始終與真正意義上的第三勢力存在一定差距，尤其是宗教團體、商業性團體等利益集團很難納入第三勢力範疇。只有對某些利益集團進行較為長期的觀察，若發現其政治傾向發生轉移或跳躍，或者是某利益集團游離於兩大黨之間，且必須能夠對政黨政治施以影響時，才可將其視為發揮第三勢力的作用。也就是說，當宗教團體、工會等類型的利益集團依附於兩大黨之一的時候，它就不能被視為第三勢力，若其獨立成型或處於兩大黨爭奪之下，且未依附於其中任何一方時，此類團體可納入第三勢力範疇進行考察。

2.3.4 第三勢力與非政府組織之關係

非政府組織（簡稱NGO），是指以某種社會福利目標為宗旨，從事非營利性活動的社會團體。非政府組織通常具有以下幾個特徵：一是組織性，有內部規章制

度，有負責人，有經常性活動；二是民間性，不是政府的一部分，也不由政府官員主導的董事會領導，但可以接受政府的資金支持；三是非利潤分配性，可以盈利，但所得必須繼續用於組織的使命，而不是在組織締造者中進行分配；四是自治性，能控制自己的活動，有不受外部控制的內部管理程序；五是志願性，無論是實際開展活動，還是在管理組織的事務中均有顯著程度的志願參與。[31]（本書所述的非政府組織僅指單純的、其本原意義上的非政府組織，不包括那些以NGO名義活動，但背後受到政府當局或與當局關係密切的相關利益團體資助或影響的、有一定「背景」的NGO。）儘管非政府組織的某些特徵與第三勢力有相似合之處，但雙方的根本分歧在於目標不同，第三勢力以奪取政權或影響政治進程為目的，非政府組織則主要以謀取社會福利為宗旨。

2.3.5 第三勢力與第三社會之關係

以周奕成等為代表的「第三社會」運動發起人，提出了建立第三社會的號召，他們認為，台灣因為歷史原因，被人為地分割成了以本省人為主體的第一社會和以1945年後遷台的外省人為主的第二社會，兩個社會在經歷30多年的隔閡後，至今仍處於一種民主內戰的狀態，將台灣社會撕裂為兩大陣營。在此情況下，台灣社會呼喚第三社會，而且也具備出現第三社會的客觀環境。所謂「第三社會」是指，「由80—90歲以上的資深國民，以及沒有歷史包袱的這一代年輕人、原住民、本省福佬、本省客家，還有外省人等構成」，他們共同的特點是既認同台灣本土，也認同中華文明，他們不將第一社會與第二社會視為對立，反而能將兩個社會當成是台灣的資產，這些人就被稱為第三社會。他們認為，台灣真正需要的是第三社會而非第三勢力，如果沒有第三社會，第三勢力就沒有存在的價值。[32]周奕成等發起的「第三社會」運動可納入第三勢力的範疇進行考查，因為周奕成的運動具備領導人及相應的組織形式，同時還具備政治目標與綱領，更為重要的是，它不依附於兩大黨，因此若能夠抓住機會而發展壯大，在政黨政治中發揮一定作用，就可視為鬆散化的第三勢力。

2.3.6 第三勢力與中產階級、中間階層之關係

所謂「階級」，是在生產關係中處於不同地位的人們的集團，中產階級或中間階層是其中的一種社會階層。有西方學者將中產階級定義為「薪水僱員和文職人員」，「是占據在兩個階級中間位置的階級」。美國社會學家米爾斯根據社會變遷，於20世紀50年代提出新中產階級概念，「他們主要由經理、專業人員等組成，他們充當資本家和工人之間的緩衝帶，在社會生活中起著重要作用」。[33]在台灣，中產階級長期以來是台灣參與社會運動的主力，從婦女運動到社會抗議，從社區治理到環保運動、慈善公益事業，處處離不開中產階級的參與和支持。中產階級與第三勢力存在較強的關聯度，但中產階級只是構成第三勢力的重要社會基礎，雙方不能直接劃等號。首先，階級是自在的、以個人為單位，由原子化的個體所組成的，而第三勢力則具備高度組織化的形式。其次，階級具有明顯的政治色彩，即使是中產階級也可能為兩大主要政黨所瓜分，因此能夠構成第三勢力社會基礎的中產階級或中間階層的規模受到了一定限制。

2.4 第三勢力的類型區隔

按照政治學的組織類譜系分類法，可大體上將參與政治生活的各類組織或實體分為三種，一是政黨，二是社會運動，三是居於政黨與社會運動之間的利益集團。

根據本書對第三勢力的定義，部分政黨及社會運動可在兩大黨之外發揮政治性影響力，扮演第三勢力的角色，可作為構成第三勢力的主要成分。利益集團雖也具備第三勢力的某些特徵，但如前所述，其缺乏政治性、獨立性，且難以與兩大黨做出較明顯的區隔，因此儘管部分利益集團在特定情況下可發揮第三勢力的作用，但在本書中不作為第三勢力進行討論。此外，在兩大黨之外，部分無黨籍人士、無黨派政治團體及脫黨參選者雖標榜無黨派，但其政治行為的背後或有某些組織團體暗中支持，或已形成某種鬆散的組織，甚至已搭建起自己的競選團隊，因此都可納入第三勢力的範疇。當然，以上幾種第三勢力之間亦可進行聯合，從而構成混合型第三勢力。綜上，本書討論的第三勢力的類型包括政黨型、社會運動型、無黨籍個人及其團體、脫黨參選者及混合型第三勢力共五種，其中政黨型視為一大類，其他四種歸為非政黨型。

2.4.1 政黨型第三勢力

在兩大黨或兩大政黨聯盟之外，一般都有政黨型第三勢力的生存空間，該第三勢力可分為多種形態：

一是從議題上，可分為單一議題型政黨與複合型政黨。所謂的「單一議題型政黨」是指追求的目標較為單一的政黨，很多政黨形態的第三勢力常常在政治綱領中表現出某種特殊的理想，並期望以自身新穎獨特的主張喚起人們的關注與支持。如在2012台灣立委選舉中嶄露頭角、一舉超越新黨得票數而躍居台灣第五大政黨的綠黨。綠黨的基本理念是生態主義，成員多為環保主義者，但其綱領也包括和平主義及左翼色彩的社會改革方案。綠黨同其他政黨的區別在於，綠黨並非將某種意識形態作為理論基礎，而是把系統論和生態學作為理論基礎和行動指南。[34]複合型政黨是指政黨提出的主張所涉及的議題較為多元，以面面俱到的政綱來吸引民眾支持。以新黨為例，雖然新黨明確主張一個中國，在台灣被歸為統派政黨，但其競選綱領、基本理念也涉及對台灣政治、經濟、文化、內政等多方面的規劃。

二是從與主要政黨的關係看，可分為抗議黨與掮客黨。抗議黨就是以對執政黨現行政策不滿，抗議朝野兩大黨為主要特點的政黨，其動機主要是透過多種形式表達不滿，來引發外界對其訴求的關注。如1993年由美國富翁佩羅創立的改革黨，該黨成立並提名佩羅為候選人參與1996年美國大選，其目的並非是要奪取政權，其矛頭直指政府的財政預算不合理。掮客黨，是指對原則不大重視，主要目的在贏得大選勝利或謀取政治利益，為此儘可能地爭取支持，在各種利益之間周旋，謀求妥協，故其原則多空洞而曖昧。如日本的公民黨。

三是從意識形態看，可分為極左政黨、極右政黨及中間型政黨。台灣政治環境的特殊性在於，其左右政治光譜並非以傳統的意識形態劃線，而是以統「獨」立場作為標準，統派政黨被歸為右翼，而「獨派」政黨則被劃分在政治光譜的左翼。所謂的極左派政黨有「建國黨」、台聯黨等，極右翼則如新黨。中間型黨派則意識形態與統「獨」立場不甚明顯，如周奕成等人籌組的第三社會黨，該黨聲稱跳脫藍綠對立，擺脫統「獨」紛爭，以一種更為超脫、中立的觀點來面對台灣未來的發展。

四是從領導人作用看，可分為個人魅力型與大眾型政黨。個人魅力型一般是某人利用時機的產物，往往是社會產生了某一政治問題，有一些人關心，但卻未引起

主要政黨的重視，這就為某些人物利用民意，同時發揮個人影響力參與政治創造了機會，但個人魅力型政黨也易演變為個人黨，即該黨領導人個人意志左右政黨走向，領導人的決策水平決定政黨興亡變化。最典型的如親民黨，黨主席宋楚瑜的個人意志直接決定該政黨的發展走向與興衰，黨內幾乎沒有可對其形成有效制衡的力量。大眾型政黨，此類政黨已建立起一套較為有效的政黨運作體制，政黨的發展並不能完全以領導人的個人意志為轉移，一是黨內本身就有一套監督制約機制，二是政黨的發展已非黨內一個人的力量就可左右，而是按照政黨的政策理念及一套行之有效的運作體制進行運作，因此無論誰來擔任政黨領袖，一般不會徹底改變該黨的路線走向。如綠黨，其生態主義的理念不會因領導人的改變而發生變化。

2.4.2 社會運動型第三勢力

人類社會產生後，隨著社會結構的變遷及階級階層的出現，人們為求生存而組織進行集體抗爭的活動就貫穿人類文明發展史，由此出現了最早的社會運動，但是將社會運動與第三勢力相結合的研究還較為少見。有西方學者將社會運動定義為「一種持續行動的集合體，以促進或阻止社會或其中部分團體的改變」。該定義首先強調社會運動是有組織、有計劃的一群人的集體行動，即突出其組織性特徵；其次，強調社會運動的目標在於促進或抗拒社會變革，此處雖未明確指出社會運動與政治活動相關聯，但為促進或抗拒社會變革的過程中必然要與統治階層或反抗階層發生互動，進而參與或影響政治進程。馬威爾（Marwell）在考察16種關於社會運動的定義後，提出了社會運動的兩大要點：一是社會運動與公共目標有關；二是社會運動的定義常暗示有規模、範圍及重要性的意義。[35]據此定義可得出，社會運動本質上必須與促進社會變遷有關，其目標是「公共性」的，其方式是集體行動。還有學者認為，社會運動是指「由多個個體參與、有一定組織和領導，在主觀動機或在客觀後果上使社會和政治現狀沿自由、平等、公正、和平民主的方向發生改變的制度外群體政治行為」。[36]有學者特別強調，雖然社會運動以影響社會中政策的決定為目標，但社會運動通常不會以獲得政治權力為目的。[37]綜上，若某些社會運動在兩大黨之外獨立展開，且以影響政治為目的，就可納入第三勢力的範疇進行考察。台灣的社會運動產生較早，民進黨成立前它就是打破威權專制，開啟政治民主

化進程的推動力量。民進黨成立後，社會運動中的一部分投入民進黨，另一部分游離於兩大黨之外，成為社會運動型第三勢力。台灣有代表性的社會運動型第三勢力包括反「核四」運動、「泛紫聯盟」、「廢票聯盟」、紅衫軍「倒扁運動」等。

2.4.3 無黨籍人士及其團體

許多選民認為，政黨本質上是特定利益群體的代言人，很難避免與利益輸送、黑金賄選等脫鉤，對政黨充滿了不信任感。針對選民的這種心理，無黨籍人士及其團體應運而生。本書所指的無黨籍人士是以參與選舉和權力分配為目標，但標榜中立，為吸引中間選民的支持或其他某些原因，選擇不加入政黨的政治人物。這些政治人物在一定條件下也會聯合成立團體以壯大實力、發揮更大影響力。無黨籍人士參選的例子如美國富翁喬治·佩羅，在1992年大選中，佩羅以獨立候選人身份參選，就預算赤字問題猛烈抨擊當時執政的共和黨政府，並拿下19%的選民票。還有2004年以前的台灣「無黨籍聯盟」，當時其成員包括前國民黨立委林炳坤、呂新民，前親民黨立委邱創良，前民進黨立委鄭餘鎮、朱星羽，以及無黨籍立委顏清標、陳進丁、蔡豪、高金素梅以及瓦歷斯·貝林等10人，規模足以在立法院成立黨團，但為顯示自身無黨派的中立色彩，刻意不冠以政黨名稱。[38]

2.4.4 脫黨參選者

從廣義上來講，脫黨參選者也屬於無黨籍人士的範圍，但因這兩者之間存在主動不參與政黨與被動脫黨的區別，因此本書將其分別論述。脫黨參選者是指無黨籍人士中的一批政治人物，他們原屬某政黨，後因某些原因而失去黨籍，在未獲原政黨提名的情況下執意參選。脫黨參選者雖以個體為單位，但其背後一般都有組織化的競選班底及一定規模的支持者。例如2012年初的台灣第八屆立委選舉中，陳水扁之子陳致中不顧民進黨中央勸阻，以無黨籍身份參選高雄市立委，與民進黨候選人郭玟成共同瓜分綠營票源，並導致雙雙落選。總之，上述無黨籍人士及其團體、脫黨參選者都屬於兩大黨之外的政治力量，且以參與選舉、分享權力為目的，其背後都有一定的組織力量支持，因此可納入第三勢力範疇。

2.4.5 混合型第三勢力

所謂「混合型第三勢力」是指以上四種第三勢力之間以兩者、三者或四者結合的形式所組成的新的第三勢力。如2012年台「大選」之前，紅黨（屬政黨型第三勢力）、「我心未死運動」（屬施明德領導的社會運動型第三勢力）及「風綠電聯盟」聯合籌組了「台灣國民議會」並推介候選人參與立委選舉，「台灣國民議會」即屬於混合型第三勢力。

2.5 第三勢力的生存機理

本節主要探討政黨型與社會運動型第三勢力的生存機理，而混合型第三勢力的生存機理主要源於前者。另外，無黨籍人士及其團體、脫黨參選者的成因較為簡單，此處不再贅述。

2.5.1 政黨型第三勢力的生存機理

2.5.1.1 空間競爭理論下的民意分佈類型

民意是政黨生存的基礎，空間競爭理論應用於政黨政治研究領域，是經過霍特林（Harold Hotelling）、史密瑟斯（ArthurSmithies）提出相關理論後，經唐斯（An-thonyDowns）發展而完善的。

霍特林最早提出地域市場概念，假設兩個零售商店向中間點搬遷以爭取更多顧客，那麼將吸引顧客也向中心靠攏。進而若假定政治偏好能按一種全體選民都同意的方式從左到右排列。在兩黨體制下，兩大黨一側代表端點上的極端投票人較傾向於己方而非對立面，因此為爭取更多選民，兩黨越來越靠近是其贏得更多支持的有效方式，這就導致每個政黨在意識形態上向其對立面移動。當兩黨越來越靠近時，為了爭取關鍵的中間投票人，兩黨的政策就變得比較溫和了。

史密瑟斯將彈性需求引入其中，即隨著兩個零售商店離開端點的程度不斷變化時，由於交通成本的增加，它們會失去不同比例的顧客，這就阻止了兩個零售店都來到中心。也就是說，兩黨趨同的程度取決於失去的極端分子人數和爭取的溫和投

票人人數之比。[39]

唐斯在以上理論的基礎上提出：

（1）當選民的偏好為鐘形曲線時，則位於政治光譜兩端的A、B政黨為了獲得最大化的選票，都會刻意調整政策向中間移動。即使這樣會流失掉部分位於左右極端位置的選票，但流失的選民仍少於它向中間移動所獲得的選票。因此，中間選民理論認為，A、B兩黨在民意為鐘形分佈時，為實現選票最大化的目標並贏得選舉，一定會採取向心競爭的方式向中間移動。（見圖3）[40]

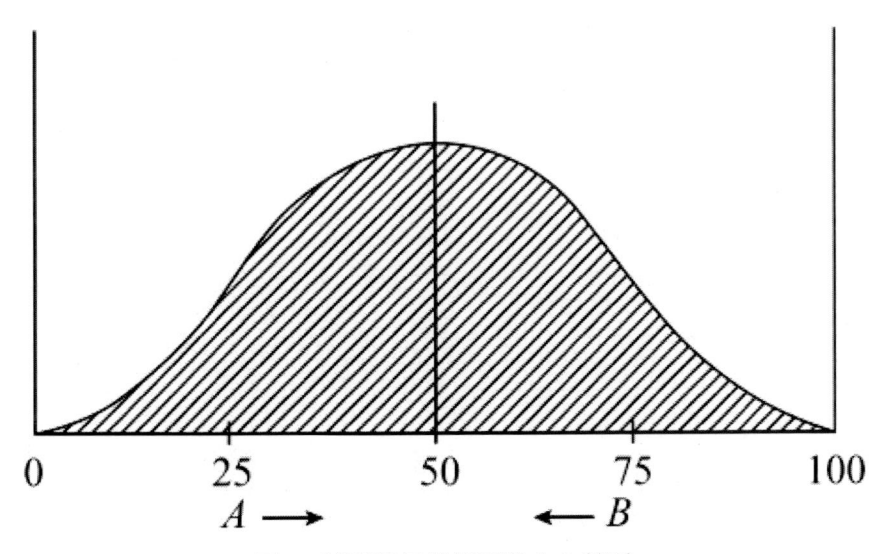

圖3：鐘形選民結構下的向心競爭

（2）若民意分佈呈現兩極化的分佈，則A、B兩黨就失去了向中間移動的動力，因為這樣的民意分佈結構下，兩黨向中間移動反而會使它們失去位於極端位置上的、數量遠大於中間位置的選票。因此，兩黨停留於原來位置的收益大於向中間靠攏，基於理性的計算，兩黨在意識形態等政策上將繼續維持現有的分裂態勢。（見圖4）

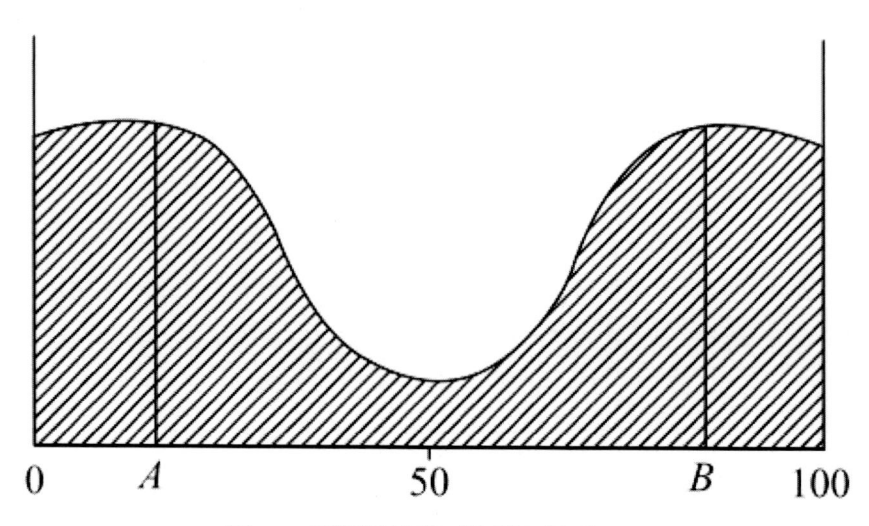

圖4：U型選民結構下的離心競爭

（3）第三種民意分佈類型產生的政黨結構是一種不對等的狀態，即在一個只有兩個敵對階級，不存在有很大勢力的中產階級的國家裡，占人口多數的中下或勞工階級集中於左邊，右邊只是少數的上層階級。在開放民主選舉之前，民意中的少數派——上層階級把持政權，而一旦開放民主選舉，就會產生一個基於多數民意的左傾的政府。當然，這種模型下的假設是每個選民手中的選票是「票票等值」，但現實卻並非如此，因為不均等的收入分配，使許多小集團控制著與其人員比例極不相稱的政治權力。（見圖5）

                                               0   A   B   100

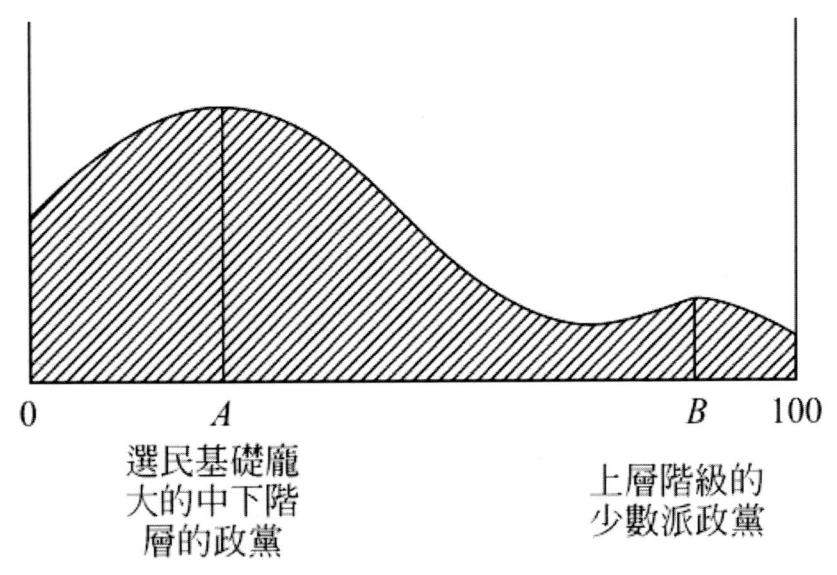

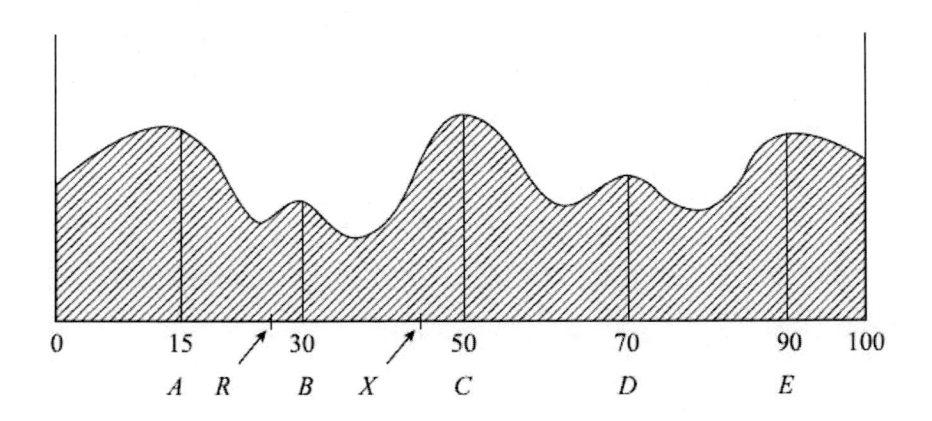

                                          選民基礎龐   上層階級的
                                          大的中下階   少數派政黨
                                          層的政黨

圖5：選民結構不對等狀態下的政黨分佈

（4）多峰狀態。若選民光譜的分佈呈多峰狀態，那麼每一座峰都代表一股力量或一種民意趨勢，並可以支持一個政黨的存在（圖中所示政黨A、B、C、D、E）。此時政黨採取的競爭反而是停留在既有的位置上，因為移動反而會造成自己原有選票的流失。（見圖6）

2.5.1.2 不同選民結構與政黨型第三勢力的關係

（1）鐘形選民結構下的第三勢力

按照薩托利的觀點，根據選民的分佈，政黨競爭可分為向心與離心兩種競爭

15300 AR BX

   0   15   30   50   70   90   100
        A R   B X C   D   E

47

圖6：多峰狀態下的政黨分佈

模式。[41]當向心競爭下，選民結構呈鐘形分佈時，一般易形成兩黨制，朝野兩大黨為贏得政權就必須擴大選民基礎並努力超過對手。一方面，由於中間選民的數量占選民比例最大，因此兩大黨自然就會調整政策向中間靠攏，以爭取中間選民的支持。（見圖3）另一方面，政黨的彈性是有限度的，兩大黨向中間靠攏也是有限度的，按照史密斯關於政黨彈性的觀點，即兩黨趨同的程度取決於失去的極端分子人數和爭取的溫和投票人人數之比。也就是說，政黨在擴大支持者的同時，必須顧及基本盤的穩定，因此不會無限制向中間靠攏，兩大黨也就不會吸納全部中間派。也就是說，位於兩大政黨意識形態左右兩邊的極端支持者因擔心該政黨向中間移動而喪失原有的理念，因此並非基於奪取政權的目的，而是從影響原有政黨的政治立場出發，重新成立一個新的政黨。如圖7，政黨B為獲得光譜左翼的選票，逐漸離開原來的位置C而向左移動，這時位於右翼的極端支持者就基於維護原有價值觀念等考慮而成立政黨C。儘管C很難當選，但它可以吸收本屬於B的死忠支持者，從而導致B的實力被削弱而使A當選幾率大增。在此情況下，B經過成本收益

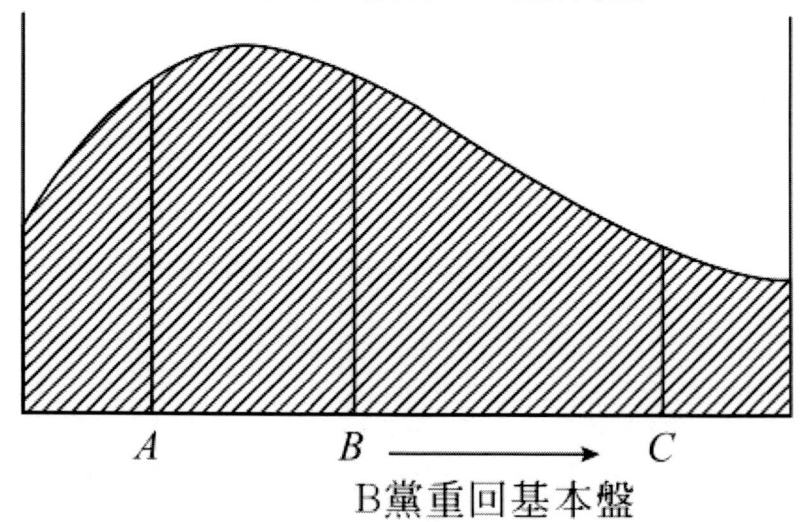

圖7：鐘形選民結構下第三勢力的作用模式之一

分析，又被迫進行路線調整併向C點移動，這將會導致C黨的泡沫化，但C黨也成功實現了其成立的目的——將B黨拉回原來位置。[42]

（2）U型選民結構下的第三勢力的生存基礎

若選民分佈呈兩極化趨勢並導致A、B兩大黨對立的局面，則在此種民意結構下，一些希望停止撕裂社會、建立和諧的政黨關係的人士就會組織起來成立第三黨C，則兩大陣營之間的中間選民就成為第三勢力的基礎。（見圖8）

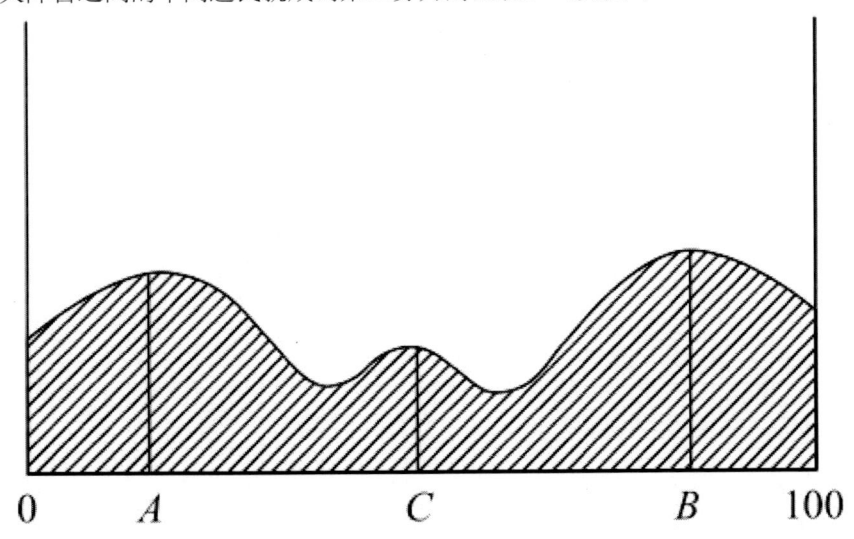

圖8：U型選民結構下的第三勢力的生存基礎

（3）不均衡狀態下第三勢力的成因

若政黨A和政黨B在兩黨體制下呈向心競爭狀態，但隨著國際、國內環境以及社會結構的改變，使得民意分佈出現了新的變化，政黨B的選民基礎較為鞏固且未發生變化，同時自身適時向中間位置移動，進一步擴大了選民基礎，而政黨A的原有選民基礎出現位移，且在政治光譜左邊出現了新的選民群體。政黨A既未能守住原有支持者，同時也沒有有效地開發新的選民群體。在此情況下，C黨在新的選民基礎上成立並從側翼吸納A黨的支持者，最終導致A黨在老對手與新興第三勢力的夾攻下與C黨易位，弱化為第三勢力。（見圖9）這種情況曾發生在英國自由民主黨身上，由原來同保守黨並駕齊驅的政黨而被工黨替代，最後成為長期的在野黨。

（4）多峰狀態下的第三勢力

若多峰狀態下的政黨數目是三個，那麼並不會構成三極體制，三黨制的競爭格局仍是兩極分佈。四黨體制下，政黨仍可進行向心運動，其形式為三黨結盟與另外一黨對抗，或者兩黨對兩黨的競爭。也就是說，三黨或四黨體制下，政黨競爭模式

Area representing newly extended franchiseArea of older franchise 0 C A B 100

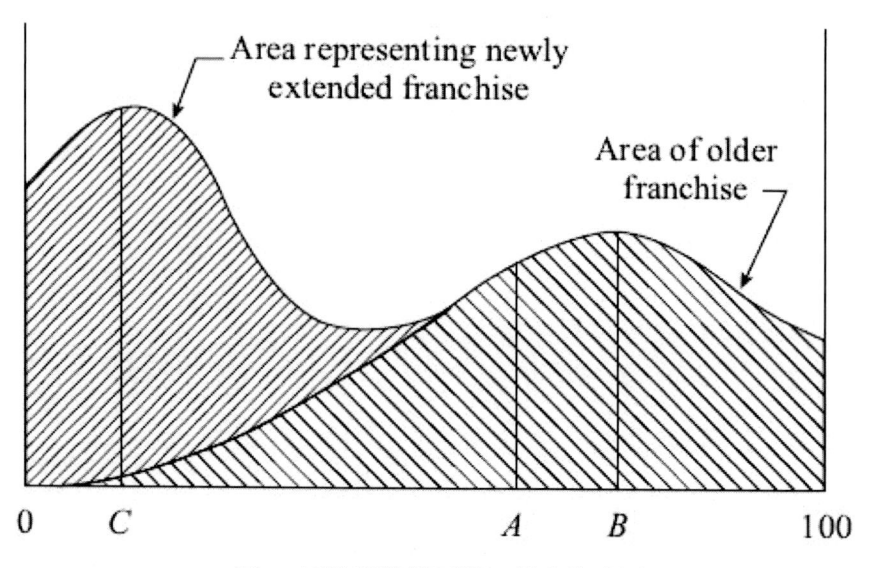

圖9：不均衡狀態下第三勢力的成因

與兩黨制下相同，因此第三勢力的生存機理也類似。根據唐斯的觀察，若政黨數目多於五個之後，各黨將進一步固守基本盤而不輕易移動。（見圖6）但要指出的是，多峰狀態下由於政黨數目多於兩黨，此時各黨必然會占據更大空間，客觀上壓縮第三勢力的生存空間。[43]在現實環境中，碎分化的政黨體制不可能長期維持，因此本書不做探討。

2.5.1.3 影響政黨型第三勢力的其他重要因素

（1）選舉制度

選舉制度是指選舉一個國家或特定地區各級代表機關的代表（議員）和其他公職人員的規範和制度的總稱。在實行總統制和議會制國家或地區中，其主要的選舉方式大致包括相對多數制、絕對多數制、比例代表制及混合制四種。

法國政治學家迪維爾熱在上世紀50年代提出的「迪維爾熱法則」描述了選舉制度對政黨制度的影響，其法則第一條是指「相對多數決制」傾向產生兩黨制，第二條為「比例代表制易導致許多相對獨立的政黨形成」，第三條是「兩輪決選制易形成多黨聯盟」。薩托利認為，「儘管相對多數決制本身不能產生全國性的兩黨政治，但它有助於維持一個已經存在的兩黨政治。」唐斯認為，多數決制下勝者全拿的結果，會傾向縮小至兩黨競爭的局面。[44]總之，由於選舉制度對政黨制度的形成

有一定影響，自然會對政黨型第三勢力的形成發生作用。

第一，相對多數制壓縮政黨型第三勢力的生存空間。相對多數制又稱簡單多數制（TheFirstPastthePostSystem），指某個政黨或候選人在一個選區內的得票數，只需超過任何其他政黨或候選人，即為當選或取得該選區全部席次。這種選制設計需要兩個配套制度，一為單一選區，即選區內只有唯一一個當選人或一組當選人都來自同一個政黨，不存在「分享」席次的情況，故此制又稱「贏者全拿型（Winner TakesAll）」；另一為單記投票，即不論選區內的參選人有多少，選民只能圈選一位候選人，不得轉讓選票。不論此獲得最高選票者的得票數是否超過百分之五十加一，皆可獲得當選。實行這一選制的代表性選舉是英國的下議院選舉和美國的參眾兩院選舉。台灣的「總統」選舉和實行「單一選區兩票制」的區域立委選舉也屬相對多數決。

由於該選制是「贏者全拿」，因此第三勢力型政黨很難與主要政黨相抗衡，選民從發揮選票效果的角度也傾向於選擇有當選希望的主要政黨，從而使第三勢力政黨的生存空間趨於萎縮。

第二，絕對多數制下仍存在第三勢力生存空間。絕對多數制，也稱過半數選舉制，即一個候選者必須獲得選區內超過一半的選票才能當選，其中又可分為兩類，一類是選擇投票機制，另一類是兩輪投票制，採用絕對多數制的國家多採用兩輪投票制。該選制主要應用於「大選」中，在兩輪投票制下，如果首輪投票後就出現獲得過半數選票的候選人，則該候選人當選而無需進行第二輪投票。若首輪投票沒有一個政黨單獨過半，那麼在第一輪投票中得票最高的前兩位候選人再參加第二輪投票。在第二輪投票中，則按照相對多數制確定當選者。在第二輪投票中，為了取得絕對多數，政黨將修正自己的政策而向中間靠攏，進而導致政黨在政治光譜的左右兩端分別形成兩個政治聯盟，且呈現向心式的競爭模式。在向心競爭模式下，政治光譜的中心及左右兩極也存在第三勢力的生存空間。

第三，比例代表制有利於第三勢力的發展。比例代表制是指在議會選舉中，一個選區內有大於等於兩個的當選席次，參選的各候選人或政黨根據得票比例分配當選名額。迪維爾熱認為，比例代表制易導致許多相互獨立政黨的形成，這主要是由於在實施比例代表制的國家中，一個政黨只要能跨越當選門檻就能依得票比例，在議會中擁有相當比例的席次。在此情況下，小黨之間聯合的誘因減弱，選民將選票

集中於有當選機會大黨的「策略性投票模式」幾率也會降低，小黨單獨存活的難度下降。在此情況下，主要政黨之外的各種第三勢力的生存空間相較前兩種選制也更寬闊。2008年台灣立委選制改革前，採用的「複數選區不可讓渡制」即是一種比例代表制，親民黨、台聯黨、新黨、無黨籍人士等都曾借此種選舉制度獲取了相當多的席次。

（2）政治文化

所謂政治文化是指人們「對政治系統及其各個部分的態度，以及對自我在政治系統中所扮演角色的態度。」[45]它是「政治的態度、價值、情感、訊息和技能的一種特殊的分佈。」[46]政治文化就是人們對政治體系與政治運作的一種內在的認識、評價和感情取向，是支撐政治生活運行的社會心理基礎。[47]根據阿爾蒙德和韋伯的觀點，政治文化可分為村民政治文化、臣民政治文化和參與者政治文化三大類。村民政治文化的主要特徵是，在該政治文化占主導的社會中，沒有專業化的政治角色，人們與政治體系之間幾乎不存在任何互動的關係。村民政治文化大多存在於政治發展較為落後的部落、民族和遠離政治文化中心的地區。臣民政治文化中，人們把自己看作是政府的臣民而不是政治過程的參與者，那些生活在專制統治之下的人們就屬於這一政治文化類型。參與者政治文化中，每個成員往往是政體中自我的「積極分子」角色，人們相信他們既能夠在政治體系中發揮作用，同時也要受到政治體系的影響和規範。

在現實政治生活中，西歐及美國等某些民主化水平較高的國家或地區基本以參與型政治文化為主，除此之外的其他國家或地區主要為複合型政治文化，包括「村民-參與者文化」和「臣民-參與者文化」等。「村民-參與者文化」主要存在於二戰以來的新興的民族國家，且其原有的政治經濟條件普遍較落後。如非洲的一些國家，其社會階段甚至處於原始部族時代，但在殖民地獨立運動推動下紛紛獨立並建立起西方式的政治制度。這種政治體制要求參與者政治文化，但其民間卻以村民型政治文化為主。事實證明，處於這種混合型政治文化下的政治系統是不穩定的，有時擺向獨裁統治，有時又擺向民主制。在這種政治文化下，第三勢力的生存空間是不穩定、不確定的，當兩黨制或兩大黨製出現時，第三勢力具備了產生並在政治生活中扮演一定角色的條件。一旦因軍事政變或獨裁統治等因素導致其脆弱的民主制度被扼殺，則第三勢力生存空間就不復存在。

「臣民-參與者文化」主要存在於那些從封建集權專制向民主政治過渡的國家與社會，包括20世紀70年代的第三波民主化浪潮中，東亞地區的韓國、中國的台灣都具有該政治文化的強烈特徵。在此類社會中，一部分人已具有較強的政治參與意識和要求，但其政治參與的合法性又受到臣民文化的挑戰。不過總體而言，參與者政治文化的發展呈逐漸擴大之勢。在該趨勢下，台灣第三勢力的生存空間也經歷了從無到有、從小到大的發展過程。

綜上，政治文化對政黨型第三勢力的存在與發展具有重要影響。據此推斷可知，參與型政治文化影響力擴大，對非政黨型第三勢力的發展也能夠產生積極影響。

歷史文化傳統與社會結構可對政黨型第三勢力的產生發揮影響。如受「一元論」、「定於一」等儒家文化傳統影響的日本、新加坡等國，就曾長期維持一大黨執政的局面，缺乏第三勢力的生存空間。而在多元文化興盛的歐洲，則易於兩黨制或多黨制的形成，客觀上有利於第三勢力的發展。此外，若社會結構多元而複雜，則政黨制度易因種族、宗教、語言及階級等不同，而催生第三勢力。[48]

2.5.2 社會運動型第三勢力的生存機理

社會運動型第三勢力的生存機理除與政治文化、歷史傳統等相關外，還可從經濟結構、政治結構、社會結構、心理基礎、行為基礎等五個面向進行考查。

一是經濟結構。經濟結構是指國民經濟的組成和構造，是一個由許多系統構成的多層次、多因素的複合體。以台灣為例，戰後台灣經濟的發展促成了經濟結構的形成與轉型，而經濟結構的變革也引發了社會結構的改變。換言之，隨著台灣經濟的增長，在民眾解決了低層次的生存問題之後，隨之就會提出對政治地位、個人權力等更高層次的要求，這勢必導致台灣在經濟取得巨大成績的同時，也產生了一系列社會問題，這些社會問題直接促成上世紀80年代台灣社會運動的興起，進而導致社會運動型第三勢力產生，其中各種形式的環境保護運動就是典型的例子。

二是政治結構。政治結構是指建立在經濟結構之上的政治法律設施、政治法律制度及其相互關聯的方式，包括政黨、政權機構、軍隊、警察、法庭、監獄等實體性要素以及政權的組織形式、立法、司法、憲法和規章等制度性要素。20世紀80年

代以前，國民黨威權統治仍有效地維持著對台灣社會運動的抑制和消解作用，一直到20世紀90年代初，隨著「國民大會」及立法院全面改選，台灣正式邁入政治民主化時期，政治體系日漸開放才使得台灣民間社會獲得了更多政治參與的機會，進而為社會運動型第三勢力的發展創造了寬鬆的政治環境。當然，政治環境的相對寬鬆與民主化的發展也有利於反對黨力量迅速壯大，進而導致部分社會運動型第三勢力被兩大主要政黨所「收編」。

　　三是社會結構。社會結構在解釋社會運動的起因與發展過程中具有重要作用，一般認為，社會結構是社會運動的基礎。[49]在台灣近代以來的社會結構變遷與社會運動興起過程中，中產階級的產生與壯大造成了重要作用，如前所述，中產階級長期以來是台灣參與社會運動的主力。中產階級參與社會運動的最大特點是其擁有獨立的見解與較多的政治主張，他們通常不是被動的參與者，而是透過主動參與來對社會產生較大影響力，而且能夠跳脫自身利益訴求的狹隘視野，從整個社會正義的角度去思考社會運動的發展方向。台灣自20世紀80年代以來，從婦女運動到社會抗議，從社區治理到環保運動、慈善公益事業，處處離不開中產階級的參與。

　　四是心理基礎。隨著政治學和社會學的發展，當下考查社會運動型第三勢力的生存機理又可從心理基礎與行為基礎兩個面向進行。一種相對剝奪感是社會運動型第三勢力產生的心理因素。所謂「相對剝奪感」就是指人們希望他們的政府可以提供的東西——即他們期待擁有的東西——與他們實際可能獲得的東西之間存在的落差。[50]一旦社會貧富差距拉大、民眾相對剝奪感增強，同時政府又不能馬上有效化解民怨，那麼民眾心理上的不滿情緒就可能以社會運動等形式宣洩。

　　五是行為基礎。主要包括人際網絡、國家的壓制能力及領導精英。人際網絡是人們擁有的與其他人的關係和聯繫，這是促成動員的基礎。國家的壓制能力是否充足決定了面對挑戰國家權威的社會運動時國家的作為。也就是說，如果國家機器強大且運轉有序，那麼這些社會運動多轉瞬即逝。精英領導者主要指知識分子，他們領導作用的發揮程度直接決定社會運動的成敗。[51]

2.6 台灣政黨型第三勢力的選民基礎

　　按照第三勢力的生存機理，無論是鐘形還是U型選民結構，中間選民都是第三

勢力賴以存在的重要選民基礎，除此之外，分踞政治光譜兩端的極端型選民也是第三勢力的選民基礎。

2.6.1 關於中間選民

中間選民（Median Voters），在有的場合也被稱為獨立選民、未表態選民等。關於中間選民的研究可上溯至1898年，A.LawranceLowell在其著作「Oscillation in Polities」中對中間選民的定義為，「不管是總體層次或個體層次，與具有經常性不穩定、不規則和不一致性等投票變動相連接之投票行為為特徵者，均稱之為中間選民」。[52]西方政治學界對中間選民的內涵可歸結為：成熟的中間選民應當是一群具有較高政治判斷力的選民，他們有自主的立場和政策傾向，但沒有特定的政黨偏好，能夠超脫意識形態的限制，並以候選人的特質與表現為投票的選擇標準。[53]還有學者將政治參與度低、判斷力弱的所謂無知冷漠型選民、「隨風倒」的「騎牆派」等也納入中間選民。

2.6.1.1 台灣中間選民的定義與內涵

中間選民與選舉政治關係密切，雖然台灣的選舉政治倣法西方，但台灣特殊的統「獨」認同、族群政治生態使台灣選舉體系中的中間選民與傳統政治學意義上的相比，衍生出自有的特點。[54]長期研究台灣選舉的台灣大學教授洪永泰認為，台灣的中間選民應符合四個指標，即對指標性政治人物、政黨認同、台灣人與中國人認同、統「獨」認同等都無偏好或偏惡的就是中間選民。台北大學民意與選舉研究中心主任丘昌泰教授認為，中間選民的特質是，「沒有特定的意識形態與政黨偏好，厭惡負面選舉，投票決定因素是政績表現，投票行為則是拒絕投票或跨黨派投票」。[55]中國社會科學院台灣研究所張華副研究員在對台灣選舉及選民投票行為進行長期跟蹤與較為深入的研究後，對台灣中間選民的內涵定義如下，即滿足如下三個要件就可基本界定為台灣的中間選民，一是沒有特定持續的政黨認同，二是沒有明顯的統「獨」傾向，三是沒有強烈的族群認同。據此她將台灣的中間選民分為五大類，一是政治無知者，二是政治冷漠者，三是理性投票者，四是立場游離者，五是拒絕表態者，其中除理性投票者為傳統政治學認定的中間選民外，其他四種類型的中間選民都是根據台灣特殊的選民結構而劃分得出。[56]

本書對台灣中間選民概念的認定與張華對中間選民的定義相似，即台灣的中間選民由一群沒有特定政黨傾向，統「獨」立場與族群認同不明顯，且意識形態色彩較淡漠的實用主義者組成。筆者認為，台灣的中間選民有其特殊性，且涵蓋若干不同特質的選民，但對於第三黨而言，能夠構成第三黨選民基礎的中間選民是台灣中間選民中的一部分，且有其自身特點：

一是應具備理性選民的基本特徵。理性選民相較於無知冷漠或拒絕表態、立場游離的選民而言，具備更強的獨立意識、政治性與前瞻性，在具備這種特徵的選民基礎上才能夠生成具有政治性特徵的第三勢力。

二是國家認同與族群認同溫和理性。台灣政黨政治雖傚法西方，但其區別於西方民主社會的最大特徵在於，台灣的政黨體系受統「獨」、族群與國家認同的影響，且據此將台灣社會劃分為壁壘分明的藍綠二元對立結構。陳水扁執政期間，對中間選民的策略基本上是寧可施加利誘來取悅部分中間選民，也不願提出實質性的中間政策，[57]導致民進黨執政期間台灣藍綠對立情緒高漲，而許多中間理性選民逐漸厭惡了民進黨的操作手法並要求政黨競爭回歸中間理性路線。隨著台灣民主化運動的激情日漸平靜，民眾對政治問題的態度出現了新的結構變化，而對政治問題的態度也更趨理性，這又推動國、民兩大黨相應進行了路線調整。國民黨為因應台灣大多數選民已不再認為「台獨」是一個激進或極端的政策，「台灣認同」、「台灣主體意識」不斷增強的趨勢，以「不統不獨」代替了對「統一」目標的堅持，民進黨則調整「急獨」路線，以現階段承認「中華民國」的「台灣前途決議文」來代替其「台獨黨綱」，兩大主要政黨在統「獨」議題上趨同性增強，「統獨牌」、「族群牌」的熱度開始降溫。這自然讓最具理性色彩的中間選民在「國家認同」、族群認同上更加溫和理性。

三是適度參與政治但投票率不高。據學者調查，與藍綠選民相比，中間選民的政治效能感、政治參與程度以及對選舉結果的關心程度最低。[58]因此無論是藍綠兩大政黨，或新興的第三勢力，雖都極力爭取中間選民支持，且中間選民也可能對某類型政黨表現出了較高的喜好度，但中間選民政治動員的難度較高，政治熱情及投票率都遠低於其他選民，該特點正是第三勢力的支持率與得票率出現落差的癥結所在。

四是選舉中的機會主義者。中間選民政黨支持傾向並不明顯，政黨忠貞度不

高，有時還會「西瓜偎大邊」，因此其本質上是選舉中的機會主義者。此外，由於中間理性選民的受教育程度普遍較高，所以對候選人的特質多有更嚴苛要求。如2012年「大選」，宋楚瑜雖一度在國民兩大黨之間掀起較大風浪，並試圖發揮第三勢力的影響力來爭取中間選民支持，但從宋選定的副手林瑞雄個人特質上看，就不符合廣大中間選民對「總統級」候選人的要求，這也是「宋林配」最後得票慘淡的原因之一。

2.6.1.2　2012「大選」前台灣中間選民的數量與影響力不斷攀升，為第三勢力出頭創造了機會

一是中間選民比例「穩中緩升」。根據台灣自2000年以來的「總統」、立委及縣市長選舉情況，選舉的投票率基本在60%—80%間浮動，據此可得出一個基本判斷，即台灣選民中大約有60%政治參與熱情較高，又約20%左右僅偶爾參與或只參加全局性重大選舉，還有20%左右對政治冷漠，基本不參與選舉。據中國社科院台灣研究所多位學者的研究，[59]他們發現20%左右參與熱情不高的選民往往就是在回答對政黨的支持與否時，稱「未決定」、「不知道」或不願表態等不確定性回答的主體，據此將其定位為中間選民，並推斷中間選民的比例大致在20%—30%之間。台灣選舉民調專家洪永泰教授也認為台灣中間選民基本維持在20%—30%之間，民進黨原民調中心主任陳俊麟指出，「扣除有藍綠傾向的6成和不投票的2成，中間選民就約占2成」。[60]由於構成第三勢力基礎的中間選民不包括大約5%上下的不表態選民，以及5%—10%左右的冷漠型及游離型選民；因此本書所指中間選民的比例大約維持在全體選民的5%—[61]0%之間。中間選民呈現出政黨偏好弱、自主性強、流動性大的特點。隨著越來越多的年輕人擁有投票權，這些在更加多元自由的大環境下成長起來的選民，其政治認同的忠誠度更低，在選舉中「選人不選黨，選能不選藍綠」，呈現出明顯的中間選民特徵，使得台灣中間選民的數量不斷增加。

二是中間選民成為決定「大選」勝負的關鍵因素。「總統」選舉是台灣層級最高，戰況最激烈的選舉，由於國、民兩大黨實力不斷拉近，且60%以上的選民政黨認同已較為固定，這使得中間選民成為「大選」中決定兩大黨實力對比的重要砝碼，因此也成為兩大政黨競相爭取的對象。隨著台灣融入全球化進程以及兩岸整合不斷深入，台灣選民的政治立場也在修正，中間選民仍呈擴大趨勢，「M」型選民結構的谷底在逐步上升，這又擴大了中間選民的影響力與決定選舉結果的能力。

馬英九上台以來，由於民眾對經濟無感復甦怨氣較大，民進黨整體氣勢迅速回升，導致2012「大選」選情高度緊繃，國、民兩黨均強力動員，大幅度催出了各自的基本盤。在藍綠對決態勢下，中間選民的流向就成為決定政權最終花落誰家的關鍵因素。

2.6.2 關於極端型選民

2.6.2.1 台灣極端型選民的內涵及其與第三勢力的關係

台灣選民結構中，除中間選民外，還有所謂的極端型選民，統「獨」認同是對其進行劃分的標準。據此，一般認為台灣的極端型選民處於政治光譜兩端，但其人數比例是不斷變化且不均衡的。目前，極端型選民的左翼（大陸習慣稱為右翼）即深綠選民約可占到全體選民的15%乃至20%上下，而最右側傾向統一的選民比例日漸下降，目前大概只占到全部選民的5%上下。

極端型選民是第三勢力的重要票源，每逢重大選舉，第三勢力都會努力爭取極端型選民的支持。但第三勢力並非極端型選民的固定支持對象，只有在兩大主要政黨向中間靠攏而忽略極端型選民或某些政策引起極端型選民不滿時，第三勢力才有機會爭取左右兩極的選民，一旦兩大黨向左右兩極回擺，或做出政策調整以爭取極端型選民的支持，那麼第三勢力的選民基礎就會遭到壓縮。2012立委選舉中，台聯黨能夠突破政黨票門檻，拿下100萬以上的高票，主要歸功於其成功爭取到光譜左側極端型選民的支持。

表3：台灣民眾統「獨」立場變化情況

	朱鎔基談話 89/3/13	陳水扁就職 89/5/20	扁就職一週年 90/4/30	「一邊一國論」 91/8/4	政黨輪替三週年 92/3/31	扁宣布「公投」 92/6/30	「公投法」一週 92/12/4	驗票前	扁訪中美洲 93/9/7	阿米塔吉對台言論 93/12/22
N	798	1077	1042	810	853	1024	1245	1280	1236	896
傾向獨立	15	16	17	20	22	22	17	19	24	19
傾向統一	15	14	18	12	23	10	8	10	11	11
維持現狀	56	55	49	58	42	58	66	64	54	59
沒意見	16	15	16	11	13	11	8	7	11	10
	《反分裂國家法》 94/3/14	連戰訪問中國 94/4/28	罷免案後 95/10/18	『四要一沒有』 96/3/5	美批「入聯公投」 96/8/29	「蕭胡會」 97/4/15	陳雲林訪台前 97/10/28	ECFA爭議 98/3/11	四次「陳江會」前 98/12/17	「九二共識」爭議 100/8/30
N	979	925	870	832	908	1092	907	1113	1075	1256
傾向獨立	21	17	19	15	23	19	24	19	20	16
傾向統一	8	10	11	9	8	6	5	5	4	5
維持現狀	58	58	60	62	58	60	58	64	64	67
沒意見	12	15	10	14	11	15	14	12	12	12

來源：台灣TVBS民意調查中心2011年8月29日《總統大選與統獨國族認同民調》。

2.6.2.2 從台聯黨得票看台灣極端型選民的現狀

台聯黨是李登輝為幫助民進黨應對從「在野」到執政的挑戰，另立山頭建立起來的。台聯黨成立後奉行分裂主義與本土主義路線，囊括了包括「台獨基本教義派」在內的極端分裂主義與本土主義勢力，從而瓜分了原本支持民進黨的部分社會基礎，成為深綠的「台獨」基本教義派大本營。雖然台聯黨也曾因民進黨向「深綠」回擺及李扁關係惡化等因素進行政黨轉型，宣稱放棄「深綠」轉向「中間偏左」。但是，台聯黨的轉型過程窒礙難行，面臨來自內外多方面的阻力，最終半途而廢。

在2008年立委選舉遭遇重挫後，台聯黨的「中間偏左」路線轉型宣告終止，台聯黨又重新擁抱「深綠」選民，將自身定位為捍衛「台灣主體性」的政黨，並與民進黨分工合作、對抗國民黨。台聯黨與民進黨合作的主要目的就是要與民進黨分進合擊，由台聯黨為民進黨鞏固深綠基本盤，而民進黨則可適度標榜中間路線，擴大選民基礎。台聯黨祕書長林志嘉表示，「民進黨要成為執政黨必須擴越50%選票，

不太可能強調 『台獨』 這塊領域,台聯黨必須與民進黨分工」。[62]而民進黨在「十年政綱」基礎上的路線轉型,淡化統「獨」爭議,向中間地帶靠攏,自然在政治光譜的深綠板塊為台聯黨空出了更多可供揮灑的空間,這些新的空間與台聯黨原有基本盤的結合,就成為其拿下近10%政黨票的關鍵。謝長廷在選後表示,「民進黨應嘗試貼近國民黨的中國政策,藉此擠掉泛藍選票,至於『台獨』 立場則交由台聯黨來捍衛。」[63]未來若民進黨照此路線轉型,那麼留給台聯黨的深綠空間將較以往更大,不排除台聯黨在未來選舉中進一步壯大的可能。

　　當然,台聯黨拿下100萬政黨票除了訴求深綠基本盤奏效外,其選戰過程中成功實現泛綠整合且策略得當亦功不可沒。台聯黨在「總統」及區域立委選舉中,賣力替民進黨拉票,換得蔡英文將民進黨內「公媽派」、「獨派」代表拉下不分區名單,有意將深綠板塊還給台聯黨的回報。[64]而「大綠」與「小綠」的分工又便於台聯黨專攻不分區立委,有利其集中火力,避免區域與不分區兩頭作戰。此外,台聯黨選舉備戰起步較早,以「棄馬保台」為號召展開全台動員,黨主席黃昆輝在選前悲情訴求「這次選舉是台聯黨存亡最後一戰,若政黨票未過5%,台聯黨將走入歷史」,刺激了深綠的危機意識;選前李登輝又在蔡英文造勢晚會上「搏命演出」,以「我李登輝這輩子最後一次向大家拜託」,「台灣就交給你們了」等悲情語言成功激發綠營支持者的同情票,為台聯黨黨發揮了臨門一腳的關鍵助攻作用。[65]

2.7 台灣第三勢力生存的特殊政治環境

　　在多數國家和地區,政黨光譜與政治生態可依照左中右的意識形態標準進行劃分,但台灣由於特殊的歷史及人文社會背景,政治光譜中出現了藍綠二元對立的政治生態,這種特殊的政治環境對第三勢力在台灣的發展具有重要影響。同時,理解藍綠二元對立結構與第三勢力之間的關係也是深化對台灣第三勢力問題認識的重要途徑。

　　1945年二戰結束,中國政府以戰勝國身份從日本手中收復台灣,台灣人民終於擺脫日本50年的殖民統治回歸祖國懷抱。但當時接管台灣的國民黨當局忙於國共內戰,中國大陸經濟處於崩潰邊緣,社會階級矛盾日益尖銳,台灣民眾對國民黨當局不滿情緒日漸增加。隨著雙方矛盾的積累與升級,最終爆發了「二二八事件」,給

台灣民眾心理上造成了巨大的傷痕，也為「台獨」分裂勢力製造事端提供了藉口。1949年，國民黨當局攜百萬黨政軍人員敗退台灣。為在台灣延續蔣介石統治集團的生命，國民黨當局在台灣開始了長達近40年的高壓統治，隨國民黨當局敗退台灣的外省籍官員掌握了台灣的黨政軍大權。但高壓累積下的民怨終將爆發，到20世紀80年代，蔣經國被迫開始推動台灣的民主化進程，台灣本省人贏得了「出頭天」的機會，但因為海外及台灣「台獨」分子也乘機站上政治舞台，使得台灣出現了圍繞統「獨」、省籍及國家認同上的尖銳矛盾，且至今仍在不斷發展演化，並對台灣社會與政黨政治產生深刻而複雜的影響，台灣政治版圖上逐漸形成了涇渭分明的二元對立結構。若以政黨光譜來劃分，這種二元對立結構大體上表現為，位於最左端的是偏執於「台灣獨立」的台聯黨，位於最右端及次右端的是從國民黨分裂出去的新黨和親民黨，而國民黨與民進黨則分踞光譜的左右兩側居中位置，這些政黨根據統「獨」、省籍及國家認同等標準可劃分為兩大陣營，由於國民黨與民進黨黨旗顏色分別為藍綠色，因此這兩大陣營就被習慣性稱為藍綠陣營，這種藍綠二元對立結構下的政治環境也被稱為「顏色政治」。

2.7.1 藍綠二元結構是第三勢力無法迴避的政治環境

台灣以藍綠二元結構為特徵的政治環境，主要是指從2000年民進黨執政以來，由相互對立的朝野政黨，透過意識形態切割和政治符號識別形成的基本政治生態。形塑「藍綠政治」的結構性因素包括：政治上的統「獨」認知與國家認同差異，民間的社會族群與省籍分野，以及體現在南北地域、文化層次及社會地位、階級等方面的差別，這些因素及其相互之間的互動關係構成了台灣第三勢力生存演變過程中不可迴避且特有的政治環境。

一是統「獨」認同、國家認同上的差別是引發藍綠對立的重要因素。由於歷史與現實原因，台灣民眾在統「獨」與國族認同上存在眾大分歧：一部分人堅持自己是中國人，反對「台獨」，甚至希望兩岸最終統一；另外一部分人則認為「自己是台灣人」，「台灣應該獨立」；還有一部分人則認為「自己既是中國人又是台灣人」，對統「獨」則抱有永遠維持現狀或維持現狀再走向統一或獨立等選項。2000年陳水扁上台後，民進黨大肆推行「去中國化」政策，台灣「統降獨升」趨勢不斷加劇；2008年國民黨重新執政後，台灣外多方寄望於馬英九，希望其能夠撥亂反

正,導正台灣民眾在國家認同上日益偏「獨」的傾向。但從目前情況看,台灣已被撕裂的統「獨」、國族認同不但難以彌合,且潛藏繼續擴大的危險。

表4 台灣民眾統「獨」立場結果比較變動表

	2011/9	2012/3	變動程度
贊成獨立	27.2%	24.5%	2.7%
先維持現狀再看情形	40.2%	40.1%	0.1%
永遠維持現狀	13.8%	14.6%	0.8%
贊成統一	6.4%	9.8%	3.4%

來源：台灣遠見民調,《台灣民眾統獨調查》,2012年3月16日發佈。

另外根據2012年3月台灣TVBS關於統「獨」及國家認同民調,68%的民眾傾向維持現狀,19%傾向獨立,僅5%傾向統一；54%認為「自己是台灣人」,40%認為「既是台灣人又是中國人」,自認為是中國人的僅占3%左右。[66]雖然台灣內部對其所謂的民主化進程有較高評價,但從國家認同、統「獨」觀念等一系列重大問題上錯綜複雜、價值混亂的狀況看,這些觀念之爭是直接造成台灣藍綠二元對立政治環境的重要誘因。

二是省籍、族群對立難題依然存在。從李登輝執政開始,特別是民進黨在準備奪取政權及上台後,為分化台灣傳統的政治選民,他們刻意區分出台灣人的四大族群——本省人(又稱福佬人)、客家人、原住民和外省人。本省人是指1945年以前從大陸閩粵、潮汕等地定居台灣的漢人,這部分人因來台較早,本土意識較濃,加之日據時期的「皇民化」教育及兩岸長期隔絕,導致其對大陸的認同感較弱,以本土台灣人自居。這部分人占台灣人口70%以上,因此也是「台獨」勢力、民進黨主要爭取的對象及重要票源。外省人主要是1945年以後,特別是1949年隨國民黨當局敗退台灣的幾百萬大陸各省人士,其人數約占台灣人口比例的15%左右。因其來台時間較晚,對大陸的故土觀念較重,且多從事軍公教等職業,因此屬於國民黨傳統支持者。客家人雖也來台較早,但因歷史上的「閩客之爭」及受「福佬沙文主義」影響,客家人傳統上仍以支持國民黨為主。民進黨上台後,一度利用執政資源在客家選區成功「拔樁」,導致客家選票大量流向民進黨,但總體而言客家選民支持泛藍比例仍高於泛綠。儘管在日常生活中,台灣各族群之間基本能夠和睦相處,人口偏少的原住民群體的利益也透過立法等形式得到了較好的保障。但只要面臨選舉,

省籍鴻溝就會顯露，不同省籍、族群的選民自動歸隊，本省人「挺綠」比例必然高於「挺藍」，外省人則以支持國民黨等泛藍政黨為主。這種省籍、族群對立的狀況客觀上催化了藍綠二元對立。

三是「北藍南綠」對立結構更加穩固。從台灣選民結構來看，外省人主要集中在台灣的中北部等都市化程度較高的地區，這些地區國民黨的基層實力也相對較強。而南部地區的人口結構中，本省人所占比例較高，且多為民進黨的鐵桿支持者。從2012年台灣領導人選舉各縣市開票結果分析，馬英九在全台22個縣市中的15個得票率過半，而這些藍營優勢選區基本集中在中北部與東部。民進黨的優勢選區則基本集中在濁水溪以南，包括雲林縣、嘉義縣、嘉義市、屏東縣以及台南市和高雄市，這些地區的選民總數約408萬，占全台總人口的30%。根據「大選」結果，馬英九在南部六縣市得票率約為42.3%，蔡英文為55.3%；從最能反映政黨實力對比的不分區政黨得票數來看，國民黨、親民黨等藍營政黨南部六縣市的得票率約為43.88%，落後於民進黨、台聯黨等綠營政黨的56.12%。[67]

四是社會地位、階級分野與文化層次的差異不可迴避。台灣藍綠二元對立結構與台灣社會、階級及文化層次上的差異也存在很強的相互關聯性。一般而言，藍營支持者多為軍公教階層及中產階級以上的社會群體，其整體文化素養較高，這些人一方面是國民黨統治下的既得利益者，另外「求穩怕變」的心態使其從價值理念上也更認同國民黨的政策主張。而綠營支持者多為中下階級與草根階層，受教育程度較藍營支持者相對偏低，政治自主意識不高。由於民進黨長期標榜為「中下階層與弱勢群體代言人」，特別是執政後透過不斷加碼「老農津貼」等政策加大對南部、基層選民的政策買票力度，進一步鞏固了其在中下階層選民中對國民黨的領先優勢。這種社會地位與階級、文化層次上的差異性進一步固化了台灣藍綠二元對立的政治結構。

2.7.2 第三勢力是國、民兩大黨之外的政治勢力

藍綠二元結構為特徵的「顏色政治」是台灣第三勢力無法迴避的政治環境，第三勢力在該環境下會被染上「非藍即綠」的色彩，完全脫離藍綠二元結構的第三勢力幾乎沒有生存空間。因此，探討台灣第三勢力應從國、民兩大黨之外尋找才更符

合實情。

　　一是政黨型第三勢力難脫藍綠色彩。政黨型第三勢力主要包括親民黨、新黨、台聯黨等，儘管親民黨成立時聲勢浩大、巔峰時期曾拿下立法院20%左右的立委席次，但橘營終未能單獨成氣候，國親合併很快就提上日程。特別是2004年「大選」後，親民黨大部分支持者及黨內許多干將已回流國民黨，親民黨及新黨等「偏統」政黨與國民黨在政治光譜上較為接近，屬於泛藍陣營。綠營的台聯黨一度想走中間偏左路線，但很快在選舉中遭遇挫折而緊急轉向，重回深綠路線，繼續與民進黨聯手經營綠營基本盤。總之，台灣政黨型第三勢力在統「獨」、族群、國家認同、社會階級差異等的共同影響下，都或主動或被動被染上藍綠兩種色彩，台灣政黨型第三勢力若想跳脫藍綠，成為擺脫「顏色政治」而完全獨立的第三勢力的難度較大。

　　二是非政黨型第三勢力亦不具備自立門戶、超脫藍綠色彩的空間。以非政黨型第三勢力兩大代表——紅衫軍「倒扁運動」及周奕成發起的「第三社會」為例，施明德在領導紅衫軍運動過程中，始終欲避免被貼上藍綠某一陣營的政治標籤，在運動發起階段即聲明不接受來自「馬主席與宋主席的捐款，但歡迎馬先生與宋先生」以個人名義支持「倒扁運動」，而國民黨中央對施明德所領導的這場群眾運動也採取了情感、道義上支持，但具體行動上不以組織名義介入的態度。從最終結果看，這場紅衫軍「倒扁運動」雖然規模浩大，但由於運動領導者與基本支持者仍無法跳脫藍綠基色，因而被視為一場「紅皮藍骨」的社會運動，這也導致由其轉化而來的紅黨在當年立委選舉中得票慘淡，很難打破藍綠二元結構而分得一杯羹。除施明德等傳統政治人物外，還有一些新生代政治人物慾建構超越藍綠的第三勢力新論述。周奕成發起的「第三社會」運動[68]是從「族群融合」的角度去超越藍綠。儘管周的主張有一定的可行性，但即使在族群領域實現超越，在國家認同、統「獨」觀念等領域，仍無法實現跳脫藍綠的目標。[69]可見，即使是形式多元、理念新穎的非政黨型第三勢力，依然很難跳脫藍綠二元對立的政治環境的制約。

　　綜上可知，台灣第三勢力是國、民兩大黨之外的政治勢力。首先，根據第三勢力的基本要素與特徵，台灣所謂第三勢力就是指國、民兩大黨之外的政黨型與非政黨型的第三勢力。其次，在台灣藍綠二元對立的政治環境下，第三勢力無法跳脫藍綠單獨存在，因此台灣第三勢力是兩大黨之外而非藍綠之外的力量。

注　釋

[1].　朱庭光等主編：《外國歷史大事集・現代部分（第一分冊）》，重慶出版社，1987年7月。

[2].葉興藝著：《現代中國第三勢力的淵源流變》，《甘肅社會科學》，2005年第6期。

[3].葉興藝著：《現代中國第三勢力憲政設計研究》，吉林大學博士論文，第6—7頁。

[4].菊池貴晴著，劉大孝譯：《中國第三勢力史論》，天津人民出版社，1991年版，第7頁。

[5].邁克爾・羅斯金著，林震等譯：《政治科學》，中國人民大學出版社，2009年4月，第233頁。

[6].周淑真著：《政黨和政黨制度比較研究》，中國人民大學出版社，2001年版，第6頁。

[7].邁克爾・羅斯金著，林震等譯：《政治科學》，中國人民大學出版社，2009年4月，第233頁。

[8].邁克爾・羅斯金著，林震等譯：《政治科學》，中國人民大學出版社，2009年4月，第233—236頁。

[9].薩托利著，王明進譯：《政黨與政黨政治》，商務印書館，2006年，第178頁。

[10].王長江著：《政黨論》，人民出版社，2009年10月版，第153—154頁。

[11].《台灣第三勢力有政治空間嗎》，《中國評論》，2009年8月號。

[12].黃國虹著：《台灣第三勢力之空間分析》，台灣大學國家發展研究所碩士論文，2011年1月，第4頁。

[13].　文勝武著：《台灣政壇「第三勢力」的發展空間分析——一種公共選擇的視野》，廈門大學碩士論文，2010年5月，第17頁。

[14].本處所使用的「1：0.2」、「1：0.7（至0.9 之間）」等模式並非經過精確計算的數學模型，只是借助數字概念以更加形象、直觀的方式來說明第三勢力之間的實力對比情況。

[15].馬立誠著：《你投誰的票》，中國青年出版社，2001年，第117頁。

[16].王軍著：《美國第三黨及其政治功能》，河北師範大學碩士論文，2005年。

[17].劉冰著：《美國的「茶黨」運動》，《中國人大》，2010年12月10日。

[18].趙敏著：《美國「茶黨」運動初探》，《現代國際關係》，2010年第10期。

[19].趙敏著：《美國「茶黨」運動初探》，《現代國際關係》，2010年第10期。

[20].2011年第1期。徐步、張征著：《美國中期選舉及「茶黨」興起的影響》，《南開學報》（哲學社會科學版），

[21].《現代漢語詞典》，商務印書館，2005年6月，第1245頁。

[22].薩托利認為，是否能夠被稱之為政黨應視其是否具備相關性，這就包括其選舉實力和執政潛力，只有那些讓主要政黨在競選或組建聯盟時不得不考慮到的政黨才可稱為「相關性政黨」。見薩托利《政黨與政黨體制》第5章，羅斯金《政治科學》第234頁。

[23]. 燕子著：《台灣團結聯盟變遷與轉型》，廈門大學台灣研究院碩士論文，2008年5月。

[24].《新時代台聯的機會與挑戰：理性對話、優質政黨、平民政治、進步國家》，台聯黨網站，2008年4月23日。

[25].彭克宏主編：《社會科學大詞典》，中國國際廣播出版社，1989年，第433頁。

[26].薩托利著，王明進譯：《政黨與政黨政治》，商務印書館，2006年，第170—173頁。

[27].李江峰著：《英國自由民主黨及其政治功能》，河北師範大學碩士論文。

[28].趙伯英著：《英國大選和新政府面臨的挑戰》，《當代世界》，2010年6月。

[29]. 邁克爾‧羅斯金著，林震等譯：《政治科學》，中國人民大學出版社，2009年4月，第230頁。

[30]. 劉國深著：《利益集團在政治過程中的角色與功能》，《學術月刊》，

2000年第5期。

[31]. 劉海藩總編：《現代領導百科全書‧經濟與管理卷》，中共中央黨校出版社，2008年，第269—270頁。

[32]. 周奕成等合著：《第三社會的想像：超越對抗，走向共同未來》，天下遠見出版股份有限公司，2007年。

[33]. 嚴泉、陸紅梅著：《台灣的中產階級》，九州出版社，2009年5月，第1—2頁。

[34]. 周淑真著：《政黨政治學》，人民出版社，2011年6月，356—357頁。

[35]. 張茂桂著：《社會運動與政治轉化》，業強出版社，1994年版，第4—5頁。

[36]. 李文、趙自勇等著：《東亞社會運動》，社會科學文獻出版社，2009年版，第3頁。

[37]. 龍虎著：《台灣政治轉型中的社會運動研究》，中國人民大學國際關係學院2004年博士學位論文，第22頁。

[38]. 2004年6月，無黨籍聯盟改名為無黨團結聯盟並登記為台灣第106個政黨，至此其成為政黨而非無黨籍團體。

[39]. 安東尼‧唐斯著，姚洋等譯：《民主的經濟理論》，2010年8月，第100—102頁。

[40]. 圖3至圖9均來源於DownsAthony, An economictheoryofdemocracy, NewYork, Harper。

[41]. 薩托利著，王明進譯：《政黨與政黨政治》，商務印書館，2006年，第474—486頁。

[42]. 邱文衡著：《鐘形民意分佈下政黨真的是向心競爭？：Downs中間選民定理的反例》，東吳大學政治學系碩士論文，2008年7月，第60—61頁。

[43]. 安東尼‧唐斯著，姚洋等譯：《民主的經濟理論》，2010年8月，第108—112頁。

[44]. 王業立著：《比較選舉制度》，五南圖書出版公司，2006年1月，第40頁。

[45]. Gabriel A.Almond and Sidney Verba, The Civil Culture: Political Attitudes and Democracy in Five Nations.New Jersey: Princeton University press, 1963, p.13.

[46].Gabriel A.Almond and G.Bingham Powell，Jr，ComParative Politics Today：A World View.Harper Collins Publisher，1992，p.39.

[47].李振廣著：《當代台灣政治文化轉型探源》，中國經濟出版社，2010年3月，第1頁。

[48].葛永光著：《政黨政治與民主發展》，台灣空中大學印行，1998年1月，第93—107頁。

[49].龍虎著：《台灣政治轉型中的社會運動研究》，中國人民大學國際關係學院2004年博士學位論文，第56頁。

[50].裴宜理著：《社會運動理論的發展》，《當代世界社會主義問題》，2006年第4期。

[51].裴宜理著：《社會運動理論的發展》，《當代世界社會主義問題》，2006年第4期。

[52].裴宜理著：《社會運動理論的發展》，《當代世界社會主義問題》，2006年第4期。

[53].楊劍著：《台灣政黨政治與「中間選民」》，《世界經濟與政治論壇》，2004年第2期。

[54].張華著：《台灣中間選民投票行為分析》，《台灣研究集刊》，2010年第6期。

[55].楊劍著：《台灣政黨政治與「中間選民」》，《世界經濟與政治論壇》，2004年第2期。

[56].張華著：《台灣中間選民投票行為分析》，《台灣研究集刊》，2010年第6期。

[57].楊劍著：《台灣政黨政治與「中間選民」》，《世界經濟與政治論壇》，2004年第2期。

[58].唐文方等著：《台灣中間選民的特徵及選舉行為》，《國際政治科學》，2007年3月，總第11期。

[59].謝郁、曾潤梅、趙會可、吳宜著：《從2004年選舉透視台灣的中間選民》，《台灣研究》，2004年第4期。

[60].《中間選民到底是誰》，台灣《財訊》，2004年3月7日。

[61]..6.2.1 台灣極端型選民的內涵及其與第三勢力的關係

[62].《選戰 林志嘉：泛綠要過半並不容易》，《中央日報》，2011年7月9日。

[63].《謝長廷：綠兩岸政策應貼近國民黨》，《中國時報》，2012年2月8日。

[64].呂子言著，《台聯黨企圖借深綠板塊突圍》，《台灣週刊》，2011年第32期。

[65].《觀察站/李登輝臨門一腳助攻 保台聯命脈》，《聯合報》，2012年1月15日。《「最後一次拜託」蔡英文泛淚光/李登輝站台：台灣交給你們了》，《自由時報》，2012年1月14日。

[66]. TVBS民調中心：《一國兩區與統獨、國族認同民調》，2012年3月26日至27日晚間調查取樣。

[67]. 資料來源：台灣「中選會」網站，www.cec.gov.tw。

[68]. 周奕成認為1945年以前的住民為第一社會，1945—1949年之間遷台的所謂外省人為第二社會，具體內容詳見本書章節2.3.5。

[69]. 範曉軍著：《在藍綠兩極化困局下「脫色政治」的努力》，《台灣研究集刊》，2007年第3期。

第3章 從第三勢力視角看台灣政黨版圖變遷

有兩個以上政黨存在且又自由透過和平選舉競爭政權的政黨制度可稱為「競爭性政黨制度」。在兩黨制下，執政機會通常由兩個主要政黨獲取，但這並不意味著沒有政黨型第三勢力存在的空間。各國政黨政治的發展歷程顯示，無論是兩黨制還是多黨制，最終都逐步向兩大黨制（有兩個大黨，同時還有一個或更多的相關性政黨）轉變，[1]這些相關性政黨即屬於政黨型第三勢力。雖然第三黨很少執政，但其發出的政治訴求和採取的政治行動通常能使兩個主要政黨更加關注選民的不滿情緒並做出相應的政策調整，所以其存在是有實際意義的。台灣政黨政治的發展也始終與政黨型第三勢力密切相關。在本書框架中，第三勢力包含政黨型及非政黨型兩大類，本章將先對政黨型第三勢力——第三黨進行討論。

3.1 從「第三黨」視角看台灣政黨演變脈絡

台灣真正進入政黨政治的時間應從1986年民進黨成立開始計算，此後隨著解除戒嚴等一系列措施的推行，台灣政黨政治的舞台「你方唱罷我登場」，上演了一出出令人眼花繚亂的政治大戲。而要參透、品味其中奧祕，觀察的視角與切入點可以有很多種。以第三勢力為切入視角來觀察台灣政黨格局的演變脈絡，可將台灣政黨政治分為四個階段：

第一階段是第三勢力的孕育潛藏期。該階段又可劃分為兩個時期，前一時期是1986年以前，其特點是國民黨一黨獨大，蔣家父子在台灣推行「動員戡亂」體制和高壓控制政策，禁止任何政治勢力組黨，此時台灣政壇除國民黨外，還有追隨國民黨從大陸赴台的中國民主社會黨、中國青年黨等幾個政黨，但它們實際上是不發揮任何政治作用的「花瓶黨」。後一時期起始代表應從1986年9月28日民進黨成立造成1993年新黨成立為止，其特點為一大一小或稱「一個半」的兩黨不對稱競爭。民進黨成立打破了國民黨一黨獨大的格局，但由於其剛剛起步，在實力上還無法與國民黨抗衡，而在這一時期還有許多所謂的政黨宣告成立，但根據相關性政黨的界定標準，它們都還不能算作真正意義上的「第三黨」，因此當時的政黨結構屬「一個

半」的政黨格局，「一」指國民黨，「半」指民進黨，自然也就不存在第三勢力。

第二階段是以新黨誕生並大放異彩為特徵的第三勢力興起期。1993年新黨的誕生打破了「一個半」的政黨格局，台灣政治舞台上的政黨互動瞬時變得精彩起來。新黨主要由國民黨內的外省籍精英組成，與國民黨系出同門，若按照傳統政黨政治中的意識形態標準，雙方屬意識形態相近的陣營，本應該結為同盟，共同對抗搞「台獨」的民進黨。但現實中，新黨為打破兩大黨壟斷政黨版圖的局面，首先要反抗的就是同色系的國民黨。因為新黨成立的直接緣由就是反李登輝，李也對新黨極力打壓，所以新黨與國民黨的對抗從激烈程度、形成的牽制與威脅上，尤其是對選民基礎的侵蝕上，要遠大於其對民進黨的威脅。而在民進黨內部，第三勢力的因子也躍躍欲試。1996年，民進黨內最偏激的部分「台獨基本教義派」與民進黨分道揚鑣籌組「建國黨」。[12]總體而言，這一階段以新黨為代表的第三勢力興起，但受內外環境及客觀規律的制約，這些第三勢力在出現時贏得掌聲後，就進入跌宕起伏的成長期，有些尚能勉強維系，而另外一些很快就銷聲匿跡。

第三階段是2000年首次政黨輪替之後到2008年第七屆立委選舉前的兩大兩小、多黨混戰期，這一時期也是台灣第三勢力的第二輪興盛。2000年「大選」，宋楚瑜含恨落敗後籌組親民黨，而被國民黨逐出門外的李登輝為延續政治生命，也授意李系人馬組建台聯黨，以致在國、民兩大黨之外出現兩支意識形態截然不同的第三勢力，又與兩大主要政黨再次上演了相互之間基於各自政治利益的合縱連橫戲碼。親民黨與台聯黨在此階段有過輝煌，一度在台灣政壇具有舉足輕重的作用，但最終仍無法打破第三勢力發展瓶頸，在不斷受挫後陷入低潮。

第四階段是以親民黨為代表的第三勢力謀求再起，並有所收穫階段。2008年後，外界一度對台灣第三勢力的發展前景喪失信心，但在國民黨當局施政績效不佳及未能有效安撫友黨的情況下，2012年「大選」前，親民黨主席宋楚瑜再次拋出「震撼彈」，宣布親民黨將參加「總統」及立委「二合一選舉」，此舉一度引發輿論高度關注，以至被一些人認為將對國、民兩黨選情產生相當程度的衝擊，並成為決定「大選」勝負的關鍵因素。而台聯黨則在外界並不看好的情況下「鴨子划水」，暗中努力專攻不分區立委選舉，雙方最終均基本實現既定目標，不但為台灣陷入低潮的第三勢力延續了火種，更為第三勢力的發展積累了經驗，鼓舞了選民的信心。

3.2 第三勢力首次登台——新黨的興衰

3.2.1 新黨的成立

1993年8月10日，新黨成立，在台灣的政黨登記冊上新黨位列第74名，但實際上它卻應列為第3名，因為除國民黨和民進黨外，排在新黨前面的另外71個政黨都不具備相關性政黨的要件，基本上屬於「泡沫化組織」。如1991年民進黨創黨元老朱高正成立的中華社會民主黨，儘管朱高正個人在台灣民主化進程中曾發揮過重要作用，有「民主第一戰艦」之稱，但當其脫離民進黨而自立山頭時，該黨生存舉步維艱，面臨「泡沫化」危機，並於1994年同新黨合併而「關門」。新黨的誕生，首次打破了兩大黨壟斷台灣政黨資源和政黨版圖的局面，代表著台灣真正意義上的政黨型第三勢力躍上政治舞台，對台灣原有的政黨格局產生了重大衝擊。新黨成立之初，外界對其發展前景也懷有疑問，擔心是否會如其他71個政黨一般在喧囂過後又銷聲匿跡。但事實證明，新黨成功從兩大黨中殺出，在1994年的台北市長選舉中捲起驚人聲勢，其推薦的11名「政治新人」首次參選就順利進入台北市議會，第一次在台北市議會造成三黨不過半局面，「新黨旋風」一時風靡台灣。[3]

新黨能夠成功突圍，與其成立背景密切相關。一是新黨成立是國民黨內權力鬥爭日益尖銳的結果，蔣經國去世後，以李登輝為代表的本省籍官僚逐步掌控台灣政局的主導權，外省籍官僚的政治空間不斷受到壓縮、危機感升高，雙方在政治利益、統「獨」認同等方面的對立日益嚴重。但更深層次原因是，民進黨成立後，基於對選舉利益與「台獨」理念的追求，不斷操作統「獨」議題與「省籍牌」進行政治動員，使原來在國民黨高壓統治下被壓制的統「獨」、省籍矛盾在社會上開始發酵，很多對國民黨不滿意、對民進黨不放心的選民期待能夠產生一個新政黨。

1989年，國民黨內外省籍少壯派精英趙少康、郁慕明等出於對李登輝的不滿，在黨內發起成立了次級政治組織——「新國民黨連線」，打出的旗幟是「革新國民黨、淨化選舉風氣」以及「推動政黨政治」，實質是要與李登輝「唱對台戲」。由於「新國民黨連線」與李登輝在政治理念上格格不入、矛盾激烈，導致其客觀上成為國民黨內另一支「反李勢力」——國民黨內元老派的政治盟友。在國民黨內主流派與非主流派矛盾公開化之際，「新國民黨連線」成員也遭到牽連備受打壓，最終

被「逼上樑山」籌組新黨。新黨的社會支持基礎主要是「外省人」，且主要集中在都市化程度較高的地區，尤其是台北市；從職業構成來看，其支持者多為軍公教人員。新黨堅決反「台獨」，並將自身定位為「小老百姓政黨」，同時亦利用其創黨元老多為國民黨內精英分子，在人品操守與行政能力方面都廣受民意認可的優勢，力求爭取對李登輝黑金政治不滿的中間理性選民的支持。

新黨誕生是台灣政壇的一件大事，從第三勢力視角來看更具有劃時代的意義，它代表著政黨型第三勢力崛起台灣。[4]在第三勢力產生後的政黨互動中，國民黨將新黨視為可能瓜分自身支持基礎的重要威脅，而新黨也處處提防國民黨壓縮自己的生存空間，新黨與民進黨卻在對抗國民黨上迅速實現多種形式的合作，這也正體現了第三勢力的特點。

3.2.2 新黨的歷程

李登輝為全面掌控國民黨、排擠外省勢力，將國民黨與地方派系、財團等緊密結合，為政黨政治和競爭性選舉抹上了黑金色彩，民進黨則堅持「台獨」理念，並不時進行激烈的體制外抗爭。而台灣經濟在經歷兩蔣時代的建設後，在20世紀90年代進入發展的高峰階段，台灣中產階級大量出現。經濟水平的提升與社會構成的改變孕育出大量政治上日漸覺醒的中間選民，此時新黨成立並推出一批形象清新的候選人，讓那些「投給國民黨不甘心、投給民進黨不放心」的中間理性選民有了第三種選擇。新黨在台灣的興衰歷程可分為四個階段：

一是建立成長期（1993—1994年）。

新黨雖被貼上「外省黨」、「奶水黨」標籤，但憑藉候選人的優質形象及台灣民眾「求變」心態，成立僅兩年就在台灣選舉中有所斬獲。1993年12月，新黨牛刀小試，提名李勝峰與謝啟大參選台北縣長與新竹市長但落選。翌年1月，新黨在縣市議員選舉中，拿下台北縣5席議員席次，新竹市、台中市、台南市各1席。12月，新黨提名朱高正參加台灣省長選舉，提名趙少康、湯阿根參選台北市長與高雄市長選舉，最終結果雖是三人均落選，但趙少康在外省人聚居的台北市拿下42萬票，超過國民黨的參選人黃大洲6萬票。另外在省市議員選舉中，新黨在台北市議會頗有斬獲，14位候選人中當選11位，台北市議會出現了「三黨不過半」的新局面。但新黨

突破的選區仍主要集中在都會區，且以北部為主，因此新黨仍未脫下「外省黨」的帽子。

表5：1994年台北市長選舉新黨得票情況

地區	姓名	號次	性別	出生年次	推薦政黨	得票數	得票率	當選否	是否現任
台北市	紀榮治	01	M	1944	無黨籍及其他	3941	0.28%		
台北市	趙少康	02	M	1949	新黨	424905	30.17%		
台北市	陳水扁	03	M	1951	民主進步黨	615090	43.67%	是	
台北市	黃大洲	04	M	1936	中國國民黨	364618	25.89%		是

表6：1994年台灣省長選舉新黨得票情況

地區	姓名	號次	性別	出生年次	推薦政黨	得票數	得票率	當選否	是否現任
台灣	蔡正治	01	M	1943	無黨籍及其他	37256	0.44%		
台灣	朱高正	02	M	1953	新黨	362377	4.31%		
台灣	宋楚瑜	03	M	1942	中國國民黨	4726012	56.22%	是	是
台灣	吳梓	04	M	1939	無黨籍及其他	25398	0.3%		
台灣	陳定南	05	M	1942	民主進步黨	3254887	38.72%		

表7：1994年台北市議員選舉新黨得票情況

	國民黨		民進黨		新黨		中國忠義黨		無黨籍及其他	
	候選人數	當選席次	候選人數	當選席次	候選人數	當選席次	候選人數	當選席次	候選人數	當選席次
席次	50	20	29	18	14	11	1	0	51	3

二是發展鼎盛期（1995—1996年）。

1995—1996年是新黨發展的鼎盛時期，在王建煊及陳癸淼的領導下，新黨迎接了三場重大選舉的考驗並交出了一份亮眼的成績單，同時也締造了新黨發展史上最輝煌的階段。第一場考驗是1995年的第三屆立委選舉，為扭轉「外省人政黨」的形象，將實力擴展到濁水溪以南，新黨在選舉中將自身定位為「中產階級代言人」，並在中南部廣泛提名台籍精英參選，該項調整取得一定成效，本次選舉成為新黨影響力攀上頂峰的關鍵一役。新黨高舉「三黨不過半，國泰又民安」的旗幟，在區域立委部分拿下16席，總得票率12.95%，不分區及僑選部分拿下5席，總席次上沖到21席，超過原席次3倍多，在國民黨形式過半、實質不過半的情況下，新黨成為立法院的關鍵少數。接下來的兩場考驗分別是1996年的第三屆「國民大會」代表選舉和第一屆「總統」直選，在「國大」選舉中，新黨得票率為13.7%、約142萬多票，共

計31席,給了國、民兩大黨一次強烈的震撼教育。1996年的首次「總統」直接選舉中,新黨雖未提名候選人,但全力支持國民黨內非主流派的脫黨參選者林洋港、郝伯村,對李登輝選情造成了一定壓力,客觀上促使民進黨策略性地「棄彭保李」(民進黨「總統」候選人為彭明敏)。

表8:1995年第三屆立委選舉新黨得票情況

| 新黨 || 國民黨 || 民進黨 ||
候選人數	當選席次	候選人數	當選席次	候選人數	當選席次
45	21	139	85	93	54

表9:1996年第三屆「國大」選舉新黨得票情況

| 新黨 || 國民黨 || 民進黨 ||
候選人數	當選席次	候選人數	當選席次	候選人數	當選席次
59	31	176	129	108	68

三是衰退下滑期(1997—2001年)。

從1997年開始,新黨不斷陷於內訌消耗之中,先是立委朱高正等指控同黨立委姚立明涉及詐財,後朱高正遭新黨開除黨籍。3月,桃園縣長補選新黨落敗,祕書長郁慕明與李慶華等公開互相指責。10月,創黨元老、立委周荃因不滿新黨的提名策略退黨參選台北縣長,造成黨的再次分裂。

面對新黨實力不斷滑坡,為迎戰1998年的第四屆立委選舉,新黨創黨元老再度攜手,並由昔日「政治金童」趙少康擔任立委、直轄市長及縣市議員競選的「選舉總經理」,希望一掃黨內紛爭的陰霾,重振士氣。但趙少康堅持開放式初選,又引發內部紛爭不斷升級、自爆家醜,使民眾對新黨的希望再次破滅,結果選民用選票表達了對新黨的不信任。新黨得票率由上屆的13%降至7%,席次由21席驟降至11席,縣市議員席次也出現不同程度下滑,中南部艱難建立的「灘頭堡」也幾乎喪失殆盡,重新淪為「都會黨」。

面對隨之而來的2000年「總統」選舉,群龍無首、飽受敗選打擊的新黨內部出現自求多福、「大難臨頭各自飛」的悲觀氣氛。新黨雖提名李敖參加「大選」,但內部許多黨公職人員卻退黨支持宋楚瑜,立委朱惠良則轉而與許信良搭檔競選「總統」,最終連全委會召集人李慶華都宣布辭去召集人、退黨支持宋楚瑜,本黨候選人李敖最後也表態支持宋。選後,新黨中生代領軍人物郝龍斌接受民進黨邀請,辭去立委出任民進黨政府「環保署長」,再度引發脫黨效應。而宋楚瑜成立的親民黨與新黨票源結構重合,大幅分食新黨選票,成為新黨最不友善的競爭夥伴,導致新

第3章 從第三勢力視角看臺灣政黨版圖變遷

黨在2000年4月後退居立法院第四大黨的位置。

2001年第五屆立委選舉，在國民黨、民進黨、親民黨、台聯黨等新老對手的強勁挑戰下，新黨更面臨生死存亡的考驗。新黨新任召集人謝啟大以跨越5%的政黨票門檻為努力方向，採取滿額提名策略，共提出32位候選人。但結果證明，新黨已成為選民眼中的「棄兒」，加之領導人判斷失誤，高額提名而至選票分散，最終總得票率僅為2.6%，只在金門拿下1席區域立委，新黨遭遇創黨以來的又一次重大挫敗。

造成新黨由盛而衰、急轉直下的主要原因包括：一是台灣國、民兩大黨獨大的政治格局漸趨定型，新黨等第三勢力生存空間有限。雖然新黨的誕生讓選民眼前為之一亮，許多理性選民將新黨視為國民兩黨以外的新選擇，但兩大黨實力雄厚，同時也在不斷針對中間選民的需求進行調整，回噬了新黨的選民基礎。如李登輝領導下的國民黨也始終標舉改革大旗，加之李登輝以本省人「出頭天」進行政治操作，對藍營選民具有較強吸引力；而民進黨為了奪取政權，也對其「台獨」路線進行了策略性調整，以「台灣前途決議文」代替「台獨黨綱」，一定程度上緩和了部分中間選民對民進黨的擔憂情緒，新黨原本訴求「投國民黨不甘心，投民進黨不放心」的社會民意基礎則相應萎縮。二是新黨內部問題重重，在內訌中消耗自身資源。新黨秉持柔性政黨的建黨理念，其領導者缺乏剛性政黨領袖的領導權威，加之其創黨元老又缺乏對民主政治應有的態度，各自謀求在黨內樹立不可取代的地位，而新黨的政治精英又都自視甚高，不易妥協，最終引發連綿不絕的內訌。[5]此外，新黨的決策都是以該黨在立法院的利益得失作為決策標準，而且其政黨資源高度集中於黨內少數政治精英手中。這種高度集權的決策模式使新黨能按照政黨領袖的意願而在兩大黨夾縫之間靈活轉向，進而造就了新黨的輝煌，但最終也因為過度依賴某個領導人而使政黨發展缺乏制度性的糾錯機制，導致新黨在2000年之後急速萎縮。[6]三是親民黨與新黨在政治光譜上重合度高，嚴重侵蝕了新黨的生存空間。2000年「大選」後，新黨面臨群龍無首、人心浮動、江河日下的生存困境，而此時宋楚瑜以高人氣成立親民黨，立即使不少對新黨失望的選民找到了新的寄託對象，親民黨的成立對新黨的生存而言可謂「雪上加霜」。

表10：1998年第四屆立委選舉新黨得票情況

新黨		國民黨		民進黨	
得票數（萬）	得票率（%）	得票數（萬）	得票率（%）	得票數（萬）	得票率（%）
70.8	7.1	465.9	46.4	296.6	29.6

表11：2001年第五屆立委選舉新黨得票情況

新黨		國民黨		民進黨	
得票數（萬）	得票率（%）	得票數（萬）	得票率（%）	得票數（萬）	得票率（%）
26.9	2.6	294.9	28.6	344.7	33.4

四是改造重生期（2001年至今）

2001年台聯黨成立後，在當年立委選舉中拿下13席，而新黨的陣地幾乎全面失守，由立法院第三大黨淪為第四大黨，黨內要求解散的聲浪一度高漲，但在「解散派」投往親民黨之後，堅守新黨這塊招牌的人員決議對黨進行改造，從不收黨員的柔性政黨向強調黨務組織的剛性政黨轉變，選舉中改走保守穩健提名策略，將主力放在複數選區的縣市議會，不再投入單一選區的行政首長選舉。上述改革措施逐步顯現成效，在2002年台北市議會選舉中新黨拿下5席。2003年，新黨舉行首次黨主席直選，郁慕明以98.82%的得票率當選，新黨也基本上完成向剛性政黨的轉變。

2004年立委選舉，新黨由與國民黨抗衡的力量向泛國民黨陣營轉變，7名新黨候選人以國民黨黨員身份參選，其中賴士葆、雷倩、費鴻泰當選。2006年，新黨在台北市提名的4席市議員皆當選。

2008年立委選舉改採單一選區兩票制的新選制，區域立委方面，新黨仍與國民黨合作，賴士葆、費鴻泰由國民黨提名而進入立法院。不分區部分，新黨則努力爭取政黨選票，雖拿下僅次於國、民兩黨的政黨票第三高票，但未跨過5%的門檻而沒能取得席次。2012年立委選舉，新黨主席郁慕明宣示政黨票要拿下5%以上得票率，立法院至少要有2至3席新黨立委，然而結果卻與新黨的目標相去甚遠，不但再次未跨過5%的政黨門檻，且得票率僅1.49%，較上屆選舉3.95%的得票率大幅下滑。

雖然新黨與台聯黨上屆選舉得票率相近（均為3%左右的政黨得票率，且新黨略高於台聯黨），本次選舉雙方也都只參加不分區立委選舉，但台聯黨此役成功翻身，拿下了8.96%的政黨票而獲得3席立委。造成新黨得票持續下滑的原因可歸結為：一是台灣牢固的藍綠二元對立結構下，若兩大主要政黨加大鞏固基本盤力度，則第三黨的選民基礎就會遭到壓縮。本次選舉國民黨擔心因宋楚瑜參選而引發藍營內部分裂，危及馬英九連任，因此動用各類資源，透過「中央」及地方多條渠道強力催票，成功激發藍營的危機意識，導致深藍選民回流國民黨，進一步弱化了新黨的選民基礎。二是目前台灣第三勢力的生存空間有限，且又被親民黨、台聯黨、新黨等瓜分，新黨要在本來就占很少比例的第三黨的「選民大餅」上分食一塊就愈加

困難。三是政黨形象與個人素質直接影響第三勢力的興衰。新黨最初以「改革、清廉、理性、親民」的形象視人，成員也被認為是形象清新的政治精英，但隨著黨內因利益分配及個人政治權力慾望得不到滿足而內訌不斷，新黨政黨形象不斷下滑，新黨提名的候選人也逐漸「走下神壇」而受到選民更嚴苛的檢驗。加之國民黨從連戰到馬英九任黨主席期間，不斷推進黨務改革，從多方面改善國民黨形象，新黨原本相較於國民黨的優勢已被弱化。

3.2.3 新黨的作用

新黨的影響和作用是多方面的，如改善台灣的選舉文化、提升問政品質、拓寬民意發聲渠道等，但從第三勢力的視角來看，新黨成立的作用主要體現在與兩大黨的互動之中，它短短幾年掀起的「新黨旋風」打破了國、民兩黨壟斷政治資源的局面，對國民黨政黨形象、社會基礎、政黨理念形成了全方位挑戰，同時也打破了民進黨「唯一反對黨」的獨尊地位。

3.2.3.1 新黨與國民黨之間的競合關係及其作用

新黨的母體是國民黨，在政治光譜上與國民黨更為接近，但在現實政治環境中，新黨與國民黨之間競爭的激烈程度在某些條件下甚至比新黨與民進黨間的競爭更加激烈，雙方呈現較為複雜的競合關係。

一方面，新黨與國民黨內以李登輝為首的本土勢力因政治理念與現實利益不同而勢同水火。1994年台北市長選舉中，新黨候選人趙少康聲勢一度緊咬民進黨候選人陳水扁，國民黨提名的黃大洲支持度則相對較低，國民黨明知新黨與國民黨支持基礎基本重合，若上演三強相爭戲碼就極可能讓民進黨漁翁得利。但國民黨對新黨坐大威脅國民黨支持基礎的擔心遠甚於將台北市政權讓給民進黨，因而在勸退趙少康未果的情況下，竟暗中運作「棄趙保扁」，最終以丟掉台北市執政權為代價封殺新黨。

另一方面，新黨與國民黨始終保持千絲萬縷的聯繫，一定條件下又結成同盟共同對付民進黨。在1998年的台北市長選舉中，尋求連任的民進黨候選人陳水扁風頭正勁，而國民黨派出的挑戰者馬英九與陳水扁也幾乎旗鼓相當，此時新黨候選人王建煊就成為左右選舉結果的關鍵性因素。本次選舉基於對馬英九的認同等因素，新黨選擇在最後關鍵時刻「尊王保馬」，操作棄保，幫助國民黨在台北市一舉擊敗擁

有現任優勢、連任呼聲較高的陳水扁。由新黨在1994、1998年兩次台北市長選舉中截然不同的表現及後續效應可見，第三勢力在一定條件下可扮演決定勝負的關鍵少數角色。而其與兩大主要政黨的關係也錯綜複雜，作為第三勢力的小黨，有時會在政治利益的驅使下與居於意識形態對立面的大黨把酒言歡、攜手對付與自己意識形態相近的本陣營大黨。

3.2.3.2 新黨與民進黨間的競合關係及其作用

新黨與民進黨分踞以統「獨」劃界的政治光譜兩端，雙方在意識形態上的差異較大，理論上講合作的可能性較低。但在現實環境中，雙方基於打破國民黨一大獨大、制衡執政黨的考慮，很多情況下走到了一起。

以1995年立委選舉為例，這是新黨成立後所參加的首次全台性選舉，本次選舉中新黨與民進黨策略性合作，一定程度上拉抬了雙方選情。新黨本次選舉提出「三黨不過半」的目標，希望改變國民黨一黨獨大的局面，而民進黨也從「全民共治」、「大聯合政府」出發，提出諸多與新黨相近的主張，形成民、新合攻國民黨的態勢。選後雖未實現「三黨不過半」的目標，但在總共164席的立法院中，國民黨降至85席，民進黨54席，新黨拿下21席，無黨籍4席[7]，「在野黨」取得較大斬獲。選後新黨與民進黨領導人大喝「和解咖啡」，商議擱置統「獨」爭議，在立法院組建「在野制衡聯盟」，以策略性合作來對國民黨發起體制內挑戰，引發台灣政壇「二月政改」[8]，幾乎聯手攻陷由國民黨長期一手把持的「立法院正副院長」，展現了第三勢力的能量與關鍵作用。

但新黨與民進黨的合作亦很難持久，一是由於雙方意識形態差異太大、諸多結構性矛盾無法克服，雙方都不願為達到短期的政治目的得罪賴以為生的基本支持者。二是國民黨為防止新黨瓜分雙方幾乎重合的支持者，對新黨極力打壓防堵，同時利誘民進黨與其合作，民進黨則從現實利益角度出發，又背棄新黨與國民黨合作，以同意「總統擴權」換取國民黨在「凍省」和「立法院擴權」問題上的支持，導致「在野制衡聯盟」破局。

3.3 新黨衰落後台灣政黨格局的演變

如前文所述，1997年新黨進入衰退下滑期，隨後幾年其政治影響力迅速下降，

但台灣的第三勢力仍然不斷尋求新的出頭機會。2000年「總統」選舉是台灣政治發展史上具有分水嶺意義的重大事件，在台灣長期執政超過50年的國民黨因內部分裂而丟掉政權，建黨僅14個年頭的民進黨帶著一絲僥倖上台執政。2000年「大選」在直接推動政黨輪替的同時，也導致台灣政黨格局的重組和政黨體制的變革，並為第三勢力在兩大黨的夾縫中成長壯大提供了更多機會。

3.3.1 「2大+2小」格局的出現

國民黨雖因分裂而敗選，但「瘦死的駱駝比馬大」，國民黨這家「百年老店」在經歷短暫陣痛之後穩住了陣腳，與民進黨展開激烈的朝野攻防。但台灣政黨政治的版圖已經發生巨變，在國、民兩大黨之外，又相繼誕生了兩個政黨——親民黨與台聯黨，台灣政壇上演了以兩大黨為主導，兩小黨扮演重要角色的複雜鬥爭戲碼。

3.3.1.1 親民黨成立

親民黨是宋楚瑜一手創立的個人魅力型政黨。宋原屬國民黨中生代實力派人物，曾擔任蔣經國祕書、「行政院新聞局長」、國民黨中央黨部祕書長、台灣省長等黨政要職，是輔佐李登輝在蔣經國去世之後接任台灣最高領導人和國民黨主席的「功臣」，並與李登輝一度關係密切。1994年擔任台灣省長後，宋楚瑜頻下基層，遍走台灣各地，經常以「台灣省民代言人」身份發表政見主張，聲望大漲，但也造成「功高蓋主」的印象。1996年「大選」，李登輝、連戰代表國民黨競選獲勝，之後李登輝對國民黨黨務系統和行政當局權力機構進行了大規模改組，李登輝大力培植的「本省籍」政治人物連戰以「副總統」身份兼任「行政院長」，黨內實力日見坐大，與「外省籍」的第一任「民選省長」宋楚瑜成為黨內中生代卡位戰的兩大主角。同時，李登輝在追求「台獨」的道路上步子邁得更大，頻頻鼓吹「修憲」，意圖打破台灣原有的行政建制，實施與「中華民國在台灣」實際控制範圍相適應的「行政區劃」。在李登輝及國民黨高層支持下，「廢省」聲浪日益高漲。而宋楚瑜為保住自己的政治舞台，強烈反對「廢省」，因而與李登輝之間的矛盾日益尖銳，在1996年12月召開的「國家發展會議」上，宋雖強烈反對，但李登輝仍做出「凍結省長及省議員選舉」的結論，導致宋李裂痕公開化。1997年7月，「第三屆國大二次會議」透過「中華民國憲法增修條文」，主要內容包括「調整中央政府體制」和「凍結台灣省級選舉」，宋楚瑜與李登輝關係幾近決裂。1997年8月的國民黨第十五

次「全代會」上，連戰當選第一副主席，進一步確定了接班地位。之後圍繞2000年「總統」候選人問題，宋楚瑜與李登輝再次爆發對抗。雖然國民黨基層支持「連宋配」呼聲頗高，但宋在民意支持度一直走高的情況下，決定獨立參選，國民黨最後由連戰與蕭萬長搭檔參選。

1999年7月16日，宋楚瑜正式宣布參選「總統」。11月16日，國民黨中央考紀會開除了宋楚瑜黨籍，隨後以「興票案」進一步加大對宋楚瑜的打擊力度。2000年台灣當局領導人選舉期間，宋楚瑜與參選搭檔張昭雄組織了「新台灣人服務團隊」作為競選班底，並得到466萬多張選票支持（當選的陳水扁、呂秀蓮得票497萬餘張），得票率為36.84%，僅以微弱差距高票落選。選舉結束後，大批宋楚瑜支持者聚集在宋的競選總部，強烈要求組黨。宋隨後宣布在競選班底和「新台灣人服務團隊」的基礎上，組建親民黨。

2000年3月31日，親民黨在台北市圓山飯店舉行成立大會，一致推舉宋楚瑜為黨主席、張昭雄任副主席，並透過了黨章、黨綱，揭示親民黨是「兼容並蓄的柔性政黨，以結合民意、國家安全為本的民主政黨，推動清明政治的改革政黨」，並提出了「憲政、人權、安全、司法革新、警政治安、經濟發展、社會福利、文教、族群、環保」等10項政策主張。

親民黨的成立，其直接原因是李登輝、宋楚瑜所代表的國民黨內不同政治力量鬥爭的結果，也是「挺宋」勢力延續政治生命的需要。親民黨成立伊始，擁有19席立委、21席「國代」，並在2001年底舉行的立委選舉中拿下46席，黨員人數也發展至6萬餘人，一舉超過新黨成為台灣政壇舉足輕重的第三大黨。親民黨短期內在台灣政壇穩住陣腳並打開局面，主要歸功於宋楚瑜個人在省長任內所累積的高民望，以及台灣社會對國民黨不滿意、對民進黨不放心的民意氛圍，這股民意也正是親民黨的選票基礎。但親民黨發展之路仍面臨諸多挑戰，一是親民黨受宋楚瑜個人因素影響頗深，選民支持親民黨很大程度上是基於對宋楚瑜的支持，因此政黨的社會基礎並不穩定；二是親民黨的支持者與國民黨高度重合，國親之間的競爭呈此消彼長的零和競爭關係，一旦國民黨實力回升，勢必導致親民黨實力下降。

3.3.1.2 台聯黨的成立

台聯黨成立源於李登輝所提的「85+35」構想，李登輝在被逐出國民黨後，於2001年6月放話稱，民進黨應可在年底的立委選舉中拿下85席，若能籌組一個「親

李」政團,那麼將有35席的「李系人馬」也會靠過來,兩者相加就可以一起幫助陳水扁穩定政權。李登輝雖打著幫助陳水扁穩定政局的幌子來加速組黨工作,但其根本目的,一是要擁兵自保,為自己開闢一個重出江湖的碼頭。李登輝深知政界的「叢林法則」,自己在與國民黨決裂後,雖被陳水扁奉為「台灣之父」,但若一旦喪失政治資源、沒有利用價值後,就可能被民進黨丟棄,甚至成為兩黨政治鬥爭的犧牲品、替罪羊。這使得李登輝無法就此罷手退出政壇,尤其是連戰接掌國民黨黨務大權後,重振黨綱、清理李登輝路線,李系人馬被迅速邊緣化。加之國親合作呼聲日漸高漲,不但對陳水扁當局造成巨大壓力,亦使仍在國民黨內的李系人馬生存空間被大大壓縮,這批人馬呼籲李另立山頭的聲音高漲。二是民進黨與李登輝同床異夢、李被迫組黨。陳水扁雖表面上維持尊李路線,但對李登輝提出的李系人馬與民進黨共組「主流新政黨」的建議並不買帳,擔心民進黨賴以為生的基本教義派票源被李瓜分,因此民進黨明尊暗拒的態度使李登輝勢力在脫離國民黨後又無法加入民進黨,最終只能另組新政黨。

台聯黨在親民黨成軍後不久殺入政壇,成為台灣又一支具備一定影響力的第三勢力,其力量構成基本可歸結為「民進黨二軍」與「國民黨叛營」的大集合。[9]按照其年底所提的39名立委候選人名單來看,其中泛藍人士56%,泛綠占44%,[10]其支持者除深綠群眾外,還吸收了部分原屬國民黨的地方選票,所以台聯黨的選民主要來自於強烈主張「台獨」及部分國民黨的傳統支持者。由於台聯黨最主要的立場是強調「台灣獨立」,因此民進黨內有聲音認為,台聯黨「名為救場,實為鬧場」,其效果反而是蠶食民進黨基本盤,形同「暗助國民黨」。民進黨對台聯黨成立所表現出的複雜心態,正體現出第三勢力對主要政黨施以影響的複雜性與兩面性。

3.3.2 親民黨與兩大主要政黨的互動

親民黨從成立到現在十幾年間,與國民黨的互動最為頻繁,雙方既有劍拔弩張的緊張對抗,也有握手言歡的緊密合作,當然也不乏各自基於政治利益而「面和心不合」的對抗中合作、合作中鬥爭的複雜互動。親民黨與民進黨則由於分屬藍綠不同陣營,對抗實屬必然,但雙方也經常因利益考量而選擇策略性結盟。親民黨與兩

大主要政黨的互動充分體現了第三勢力的作用和特點。

3.3.2.1 親民黨與國民黨的互動

親民黨與國民黨的互動按照特點可分為四個階段，分別是：

（1）2000年親民黨成立—2004年「大選」「連宋配」落選

該階段親民黨與國民黨的互動呈以下特點，一是親民黨風頭正盛，手中與國民黨討價還價的籌碼充足，而國民黨則在敗選後亟須儘早走出陰影，重整旗鼓。親民黨在國親互動中握有一定的主動權。二是國親合作頻生齟齬，但最終在政治利益考量下捐棄前嫌促成「連宋配」。

2000年親民黨成立之初，由於國親選民基礎同質性高，政治資源重疊，連戰與宋楚瑜心結尚未解除，加之民進黨乘勢分化離間，導致國親關係較為敏感，互信程度不高。但在基層民意的推動下，又因民進黨公然背信宣布「停建核四」，促使國親開始由議題型合作，提升至結成「在野」聯盟，以有組織有步驟的方式向陳水扁當局施壓。

2001年，國、親合作的重點從「反扁」轉到即將舉行的立委及縣市長選舉，年初連宋會面並達成國親兩黨在6縣市合作（國民黨提名候選人參選桃園縣、南投縣及基隆市，禮讓親民黨參選台北縣、高雄縣及台東縣）的決定，但會後國民黨基層對此決議反彈強烈，一些地方實力派不願遵照黨中央要求禮讓親民黨，導致多地出現國、親兩黨相爭局面，一定程度上影響了泛藍的選情，一些縣市出現該贏而未贏的局面。立委選舉方面，國、親雙方在複數選區爭執不休，均高額提名，國民黨在內憂外患下選情不佳，席次大幅下滑至68席，喪失了立法院第一大黨的位置，而親民黨則憑藉宋楚瑜的號召力拿下46席，穩居立法院第三大黨。

表12：第14屆縣市長選舉國親互動情況

泛藍整合成功	
桃園縣	原親民黨立委邱創良堅持參選，但最後一刻同意接受親民黨徵招改選「立委」，桃園縣整合成功，泛藍軍推出的國民黨籍朱立倫與民進黨彭紹瑾雙雄對決，結果朱立倫贏得選舉。
台中市	台中市是整合較為困難的縣市，國民黨參選人為胡志強，宋楚瑜支持的張溫鷹以無黨籍身份參選，加上民進黨蔡明憲參選，不過最後胡志強仍是以高票贏得選舉。
台北縣（現新北市）	台北縣（現新北市）國民黨原提名林志嘉，親民黨提名秦金生，新黨的王建煊也有意參選，後經協調，國親同意共推新黨王建煊代表泛藍出線對抗民進黨強棒蘇貞昌，選舉結果蘇貞昌獲得連任。
新竹縣	國民黨鄭永金參選並勝選。
台中縣	國民黨黃仲生參選並勝選。
雲林縣	國民黨張榮味參選並勝選。
花蓮縣	國民黨賴政雄參選敗選。
基隆市	國民黨許財利參選敗選。

宜蘭縣	國民黨呂國華參選敗選。
台南縣	國民黨陳榮盛參選敗選。
台南市	國民黨陳榮盛參選敗選。
澎湖縣	國民黨賴峰偉參選並勝選。
新竹市	國民黨林正則參選並勝選。
嘉義縣	國民黨翁重鈞參選敗選。
屏東縣	國民黨王進士參選敗選。
嘉義市	國民黨江清馦參選敗選。
泛藍整合失敗	
彰化縣	彰化縣國親未整合成功，國民黨葉金鳳及親民黨鄭秀珠皆出線參選，結果兩者皆敗給民進黨翁金珠。
南投縣	南投縣國親未整合成功，國民黨林明溱及親民黨陳振盛皆出線參選，結果兩者皆敗給民進黨林宗男。
高雄縣	親民黨原宣布徵招鍾紹和參選高雄縣長，但最後退出，不過國民黨自身內部分裂，無法協商，有黃八野及吳光訓兩人出來角逐高雄縣長，在登記截止前的關鍵時刻國民黨整合失敗，選舉結果民進黨楊秋興獲勝。
苗栗縣	國親整合失敗，由傾向民進黨的無黨籍縣長傅學鵬與國民黨徐享昆出線，與民進黨魏早炳競爭，最後由傅學鵬贏得選舉。
金門縣	金門縣未整合，國、親、新三黨皆有提名候選人，最後新黨提名人李柱烽當選。
台東縣	國親整合失敗，國民黨吳俊立及親民黨徐慶元出線參選，最後由親民黨徐慶元獲勝。
連江縣	連江縣民進黨未提名候選人，反而是由國民黨劉立群、親民黨陳雪生兩人競爭，最後由陳雪生當選。

　　2002年，為壓制泛綠陣營咄咄逼人的態勢，國、親兩黨在泛藍整合後，在對抗民進黨上又向前邁進，首先是在「立法院副院長」選舉中，國、親共推的江丙坤以9票優勢擊敗民進黨候選人洪奇昌，展示了國親合作的效果。接下來，國、親又在年底的北高「直轄市長」選舉中完成形式上的整合，並贏得台北市長選舉勝利。而對於重頭戲──2004年「總統」選舉，國、親確定下屆「總統」選舉將「共同推薦一

組人選,共組執政團隊」。[11]但國、親整合進程也暴露出許多嚴重問題,尤其是雙方在高雄市長選舉中整合進程一波三折,嚴重挫傷泛藍陣營士氣,直到選前幾天宋楚瑜才宣布支持國民黨提名的黃俊英,最終黃以微弱差距敗於民進黨候選人謝長廷。

表13:2002年國親高雄市長選舉中艱難整合的過程

時間	協調過程
3.12	國民黨秘書長林豐正表示,2002年高雄市長選舉,國民黨不排除和親民黨以共同推薦方式推出同一支持人選。
6.10	在連戰、宋楚瑜的勸說下,親民黨副主席張昭雄宣布參選高雄市長,引起國民黨內的實力派人物不滿,出現強大反彈聲浪,高雄市現任議長黃啟川、義守大學副校長黃俊英、前警政署長姚高橋相繼在黨內登記角逐該黨高雄市長候選人提名資格。
5月底	國民黨化解黨內高雄市候選人三雄之爭,黃啟川、黃俊英、姚高橋一致同意國民黨中央以協辦方式,選出代表國民黨參選高雄市長的人選。
7月底	國民黨正式推薦黃俊英代表該黨參選高雄市長。幾乎同一時間,由親民黨背後支持的前內政部長張博雅宣布以無黨籍身份參選高雄市長。
9.2	國、親民黨經過多次協商決定以民調方式從黃俊英、張昭雄、張博雅三人中選出一人代表「在野」陣營參選高雄市長,集中力量對抗民進黨的謝長廷,且三位當事人均表示尊重和接受這種解決問題的模式。
9.9	為了集中力量支持張博雅從民調中出線,親民黨的張昭雄宣布退出高雄市長選戰。
9.11	張博雅宣布退出泛藍軍高雄市長人選協調機制,並表示將參選到底,泛藍共推一組高雄市長候選人的規劃宣告破局。
12月	宋楚瑜宣布支持黃俊英,並上演「驚天一跪」,泛藍實現形式上的整合。

在2004年重奪政權的共同目標下,國、親兩黨認識到不合作仍可能落敗,雙方開始擱置爭議、化解積怨,加快整合的步伐。2003年2月14日,兩黨簽署「共同書面聲明」與「國親政黨聯盟備忘錄」,並宣布「連宋配」成局。在此後一年多時間內,國、親兩黨大致保持了良好的合作關係,但這種合作局面卻沒有換來最終選舉的勝利,2004年3月19日的「兩顆子彈」改變了選舉結果,使連宋再次意外落選,也為國親整合蒙上了陰影。

(2) 2004年選後—2006年宋楚瑜參選台北市長落敗

該階段國、親互動的突出特點是雙方關係跌宕起伏,並伴隨親民黨實力不斷下滑與國民黨實力逐步回升,雙方實力對比呈現此消彼長的變化。同時,兩黨在紅衫軍「倒扁運動」中的訴求與表現也不盡相同,而2006年底宋楚瑜執意參選台北市長

並慘敗成為親民黨全面滑坡的重要代表。

2004年「大選」落敗使國親合作努力爭取的大目標落空，原來被壓制的諸多矛盾開始爆發。為備戰隨後舉行的第六屆立委選舉，親民黨要求國民黨平分選後約1億9千萬新台幣的選舉補助款，但國民黨認為，「大選」的開銷主要由國民黨承擔，選後要求平分補助款實在不妥。經親民黨幾番交涉，最終國民黨僅勉強答應立委選後分配給親民黨3000萬。隨後，國親在立委選舉的提名及配票問題上又鬧得不可開交，親民黨認為，國民黨是故意打壓友黨，削弱親民黨的實力。從本次選舉結果看，國、親實力對比出現了此消彼長的變化，親民黨席次下滑12席，國民黨則增加11席。對此，宋楚瑜將責任歸咎於國民黨，指責國民黨背棄兩黨合作協定，並宣布將「國親合作」的政策調整為「在國、民兩大黨之間扮演平衡器角色」。而民進黨也基於自身利益向親民黨「暗送秋波」，親、民兩黨「郎有情妹有意」一拍即合，於2005年2月舉行「扁宋會」。宋楚瑜與民進黨合作的本意是希望借此拉抬親民黨聲勢，扮演兩大黨間制衡者角色，但宋精於利益計算卻忽視了台灣藍綠二元對立尖銳、統「獨」矛盾缺乏迴旋餘地的現實，「橘綠合作」激怒藍綠陣營的基本支持者並引發反彈。宋楚瑜不但未能從中獲利，反而引發泛藍選民不滿，進一步導致親民黨實力下滑。國民黨大佬、前「監察院長」王作榮認為，宋一方面以扁宋會「挾民進黨要脅國民黨」，另一方面又「以兩岸和平促進法，企圖挾中共自重」，最終只落得「泛藍選民怒視、中間選民輕視、泛綠選民鄙視」。[12]親民黨擁抱對手的做法使其在2005年5月的「任務型國代」選舉中再嘗敗績，親民黨在全部283席僅獲18席，得票率6.11%，排名從第三跌至第四，親民黨基本支持者又向國民黨及新黨回流。

2005年底的縣市長選舉被視為下屆「總統大選」的前哨戰，國親之間又啟動協調機制，在整合過程中，周錫瑋、孫大千等多名親民黨指標性人物投奔國民黨，11個分歧縣市有7個整合成功，另4個未能完成整合。最終，國民黨在新科黨主席馬英九率領下取得大勝，而親民黨得票率較上屆腰斬一半以上，兩黨氣勢消長態勢更加明顯。

表14：親民黨與國民黨在2001、2005年立委選舉中的席次消長

第 3 章　從第三勢力視角看臺灣政黨版圖變遷

政　黨	第五屆（2001 年）		第六屆（2004 年）	
	席次	比率%	席次	比率%
國民黨	68	30.22	79	35.11
民進黨	87	38.67	89	39.56
親民黨	46	20.44	34	15.11
新黨	1	0.44	1	0.44
「台聯黨」	13	5.78	12	5.33
無　盟	—	—	6	2.67
其　他	10	4.44	4	1.78
總計	225	100	225	100

表15：親民黨立委及縣市長選舉得票率變化情況（%）

選舉項目	國民黨	民進黨	新黨	親民黨	「台灣團結聯盟」	無黨聯盟
2001年立法委員	28.56	33.38	2.61	18.57	7.76	—
2004年立法委員	32.83	35.72	0.13	13.9	7.79	3.63
2001年縣市長	45.27	35.15	0.17	2.36	—	—
2005年縣市長	50.96	41.95	0.2	1.11	1.13	—

表16：國、親兩黨在第15屆縣市長選舉中的整合情況

第一批整合成功縣市	
連江縣	國民黨為了表達對親民黨的善意，不提名人選，採取國親共同推薦的方式，禮讓親民黨籍的現任縣長陳雪生。
嘉義市	親民黨提名李允杰退選，由國民黨提名的立委黃敏惠代表泛藍參選，李並發表明支持國民黨提名的黃敏惠。
桃園縣	親民黨的孫大千原本要參選桃園縣縣長，但依照他與朱立倫的協議，委託年代電視台民調中心進行民調，結果朱立倫超過孫大千，孫大千放棄參選。
南投縣	親民黨南投縣提名人陳志彬與國民黨籍的現任縣長李朝卿，以民調決定提名，結果李朝卿獲勝，陳志彬自行宣布退選。
第二批整合成功縣市	
宜蘭縣	原本親民黨前立委鄭美蘭宣佈將代表親民黨參加宜蘭縣長選舉，但她之後與親民黨中央交換意見後，決定以大局為重，願意放棄參選，尋求泛藍團結勝選。

續表

89

新竹縣	親民黨的邱鏡淳有意參選新竹縣長，但宋楚瑜在最後關頭做出決定，勸退邱鏡淳，使國親整合成功。
彰化縣	彰化縣是國親協調難度最大地區，起初國親兩黨參選人卓伯源與謝章捷兩人協調多時仍無法推出人選，後經立法院長王金平勸說，親民黨的謝章捷退選，國親在彰化縣整合成功，由國民黨籍提名人卓伯源參選縣長。
整合失敗縣市	
基隆市	親民黨的劉文雄及中國國民黨的許財利皆有登記，基隆市未整合成功。
台中市	國民黨胡志強與親民黨的沈智慧也都對泛藍的分裂感到憂心，並認為泛藍必須團結才有獲勝的機會。可是，兩個人的參選意志都相當高，堅持不願退讓，就連國親兩黨中央也難以介入協調。
花蓮縣	現任國民黨謝深山與親民黨傅崐琪共同參選，整合失敗。
苗栗縣	國民黨提名劉政鴻，出身親民黨的徐耀昌結合國民黨立委何智輝，自成另一泛藍代表。親民黨雖表示勸退劉政鴻，親民黨就全面退讓，但馬英九以「只要苗栗縣鄉親支持，天皇老子也不能叫劉政鴻退選！」響應一度引發親民黨「全面備戰」，國親幾乎全面開打，整合失敗。

　　2006年後，親民黨內「投藍潮」越發不可收拾，立委席次由34下降為24席。為挽救頹勢，替黨保留政治血脈，同是也為自己延續政治生命，宋楚瑜決定參加2006年台北市長選舉，並宣稱此舉為政治生涯的「封刀之作」。恰在此時，陳水扁家族貪腐醜聞不斷曝光，紅衫軍「倒扁運動」興起。國民黨對於「倒扁運動」態度謹慎，親民黨則視之為拉抬選情、提升政黨實力的「救命稻草」，不但參與遊行靜坐，而且全力推動「罷免陳水扁案」。其意圖是要以此爭取更多泛藍選民的認同，拉抬宋楚瑜台北市長的選情，同時迫使馬英九與宋聯手推動「罷免案」，壓縮國民黨台北市長候選人郝龍斌的競選空間。綜觀整個「倒扁」過程，國、親兩黨都在打自己的政治算盤，期望參與「倒扁運動」來使己方政治利益最大化，因此雙方在合作的同時也存在激烈博棄。但年底台北市長選舉結果顯示，宋並未從「倒扁運動」中獲利，其得票率尚不足5%。而宋基於黨派利益，不惜以分裂藍營為代價參選到底的行為，使宋楚瑜成為泛藍選民棄保的對象，親民黨也再遭沉重打擊。親民黨的頹勢不只表現在台北市長選舉中，同時舉行的北高市議員選舉，其席次亦出現大幅下滑。

表17：親民黨在北高議會選舉中的得票率及席次變化情況

	2002年台北市議員選舉	2006年台北市議員選舉	2002年高雄市議員選舉	2006年高雄市議員選舉
得票率及席次	17.6%，8席	6.98%，2席	11.9%，7席	6.78%，4席

(3) 2007年—2011年親民黨宣布參加「大選」前

該階段的主要特徵是國親合作邁出實質性步伐，國民黨在馬英九領導下政治實力迅速回升，泛藍選民回流，親民黨的生存空間被大幅壓縮。2007年，宋楚瑜從自身實力與大局出發，正式與國民黨簽署政黨聯盟協議，並於11月完成親民黨立委候選人以國民黨籍參選的工作。此舉形同親民黨被國民黨整體接收，使得親民黨一段時期內幾乎從台灣政壇失聲。2008年1月舉行的第七屆立委選舉使台灣政黨格局由「2大+2小」的兩大黨主導下的多黨競爭轉變為國、民兩大黨直接對抗、其他小黨失去立法院政治舞台的局面。

2008年立委及「總統」選舉中，第三勢力的生存空間再遭壓縮，選後各界對第三勢力在台灣的生存與發展前景並不看好。雖然李登輝仍不斷鼓吹建立「本土的第三勢力」，施明德也躍躍欲試籌組第三勢力政黨，但都因缺乏強有力的資金支持及選民基礎而無法實現。在2009年底的縣市長及次年「五都」選舉中，僅有花蓮縣的傅崑萁脫離國民黨參選並當選，而楊秋興在層級稍高的「五都」選舉中脫黨參選卻告失敗，所以外界普遍對第三勢力的能量有所懷疑，更不相信第三勢力具有挑戰「總統」選舉的膽量與實力。但恰在此時，2012年「大選」前的內外環境卻為宋楚瑜提供了重新出山的「熱帶氣旋」，並最終參選到底。促使宋楚瑜參加2012「大選」的直接原因包括：

一是2012年「大選」前台灣中間選民的比例穩中緩升，成為決定選舉勝負的關鍵因素，且中間選民對馬上台以來台灣的經濟形勢日漸不滿，對民進黨亦不放心，為宋復出提供了社會基礎。尤其馬任期後兩年，高房價、高通脹、高失業率和貧富差距拉大等問題更加嚴重，台灣社會瀰漫著一股對「無感復甦」的怨氣，民眾對國民黨「專家內閣」的信任度大打折扣，渴望有較強治理能力的「能人」出現帶領台灣擺脫困境。而宋楚瑜省長任內施政高效且深得民心的諸多做法喚起了民眾對宋的懷念，親民黨則藉機營造「台灣這十幾年少了宋楚瑜真的很可惜」、「宋應重新出山」的社會氛圍，並開始加大打馬力度。此外，馬團隊在「八八水災」、「美牛風波」、「老農津貼」等社會焦點議題上暴露出與民意脫節、施政魄力和危機應變能

力不足等缺點，導致大批原來對馬寄予厚望的中間選民開始大失所望，馬當局執政滿意度長期在40%以下徘徊。

二是國民黨基本盤鬆動讓宋看到有機可乘。深藍民眾對民進黨執政八年推動「去中國化」政策，玩弄族群政治、挑動統「獨」議題的做法深惡痛絕，強烈期待馬英九上台後能迅速「撥亂反正」，扭轉民進黨造成的亂象。但馬上台之初卻幻想走中道路線，奉行兩面討好的內外政策，在發展兩岸關係和台灣社會文教領域上未能有效扭轉李、扁執政時期「去中國化」政策的負面影響，一些問題上未能滿足深藍民眾的期待，以至部分深藍民眾對馬怨氣十足。此外，在「拋棄國民黨、教訓馬英九」的輿論煽動下，淺藍選民的投票意向也出現動搖，導致國民黨選民基礎再遭鬆動。2009年縣市長選舉與2008年「大選」相比，國民黨在同地區流失選票達100萬票以上。若將2010年底的「五都」選舉與2009年縣市長選舉的結果相加，國民黨在兩項選舉中的總得票數與2008年「大選」得票數相比，選票流失約200萬票。流失的藍營選民雖不會大量倒向民進黨，但他們對馬團隊及國民黨的失望情緒加深而出現「投不下票」的心態，在宋楚瑜參選的吸引下就可能轉投橘營。據《中國時報》民調，泛藍民眾中有74%支持馬，14%支持宋。[13]

三是中間選民不滿馬的同時，對蔡英文也不放心。時任民進黨主席的蔡英文迫於內外壓力，放棄了陳水扁式的激進主張，但在黨內傳統意識形態和基本教義派掣肘下並未對兩岸政策做出根本性的調整。儘管蔡為因應「大選」需要，期望在穩住基本盤的基礎上，借助精心打造的「十年政綱」來消除中間選民對民進黨兩岸政策的疑懼，但該政綱空泛許諾，留下許多刻意模糊的空間，本質上仍秉持「一邊一國」的基調，始終不願承認「九二共識」，導致中間理性選民對蔡英文及民進黨的論述仍缺乏信心。此外，蔡學者出身，缺乏選戰歷練及基層行政經驗，在「18趴優存」、「馬父骨灰罈」、「副手人選」、「宇昌案」等事件中逐步顯露缺陷，部分中間選民對其當選後能否治理好台灣也不放心。除上述結構性因素外，馬宋個人恩怨及親民黨面臨泡沫化危機也成為驅使宋決心對抗國民黨的動因。

宋楚瑜帶領親民黨挑戰國民黨的目標非常明確，即拿下3席以上立委並成立立法院黨團，在台灣政壇發揮第三勢力的關鍵少數作用。由於2008年第七屆立委選舉採行「單一選區兩票制」，嚴重壓縮了親民黨等小黨的生存空間，加之當年「大選」親民黨與國民黨達成「國親合作」協議而未單獨提名區域及不分區立委，致使親民

黨失去在立法院成立黨團、發揮牽製作用的平台。同時，一批親民黨政治明星也依「國親合作」模式而加入國民黨，進一步削弱了黨的實力。但馬英九上台後並未給予親民黨及宋楚瑜所期盼的回報，使親民黨面臨加速萎縮與邊緣化的命運。由於國、民兩大黨選情膠著，國民黨面臨席次大幅下滑的危機，親民黨寄望於宋參選「總統」拉抬政黨得票率，突破5%的政黨票門檻，再力爭拿下1席以上的區域席次，就可獨立組成親民黨立法院黨團。若未來立法院出現國、民兩大黨均不過半的局面，則親民黨及其他小黨就可能扮演關鍵少數角色，本次「二合一」選舉也成為決定親民黨生死存亡的關鍵戰役。

(4) 2012「大選」競選過程中及選後的國親互動

一是親民黨以戰求生，國民黨低調應對。國民黨重新執政後，國親矛盾、馬宋心結未解反深，2011年6月，宋楚瑜公開宣布將推出10名親民黨籍候選人參選區域立委，宋本人也不排除參選「總統」或不分區立委，並質疑國民黨放話打壓親民黨，沒有團結的誠意，宋及其親民黨團隊開始頻上媒體猛烈「打馬」，並宣稱三組候選人「一組無能，一組不放心，只有宋是最佳人選」，「台灣應有第三勢力的存在空間」，我們是第三勢力，我們才能照顧「三中」（中小企業、中產階級、中下階層）。[114]宋開始鎖定台灣選民最關注的民生議題「打馬批蔡」，力求爭取中間選民的支持。同時利用部分深藍選民對馬的不滿情緒，試圖從國民黨陣營拉走部分深藍選民。宋楚瑜為實現上述目標，想方設法炒熱本黨選情。宋一方面以第三勢力代言人自居，訴求對國民黨執政不滿的中間選民、經濟選民，另一方面則不斷利用是否參選「總統」進行議題炒作，刻意製造吸睛話題吸引選民。宋起初表示「2012選舉親民黨決不缺席」，但對參選「總統」則不願提及。9月，宋突然提出有條件參加「大選」，即連署人數超過百萬參選「總統」。連署截止日期臨近，親民黨共送出46萬多份連署書，遠未達到宋宣稱的「百萬連署目標」，但親民黨以遭受國民黨打壓為由為連署目標未達成解套，宋辯稱「每份連署書都是比選票更珍貴的支持意願，不能拿他們的支持當成政治交換條件」，「一定會登記參選，力拚到底」，其副手林瑞雄也改口「不再堅持百萬連署才選到底的承諾」。

面對親民黨咄咄逼人的態勢，國民黨採取低調應對策略，始終禁止黨內對宋口出惡言，不給親民黨創造反彈空間，以軟性勸說、「尊宋」的方式消化親民黨參選對中間及泛藍基本盤的衝擊力道。同時，「以靜制動」逐步邊緣化橘營，引導泛藍

選民以大局為重、自動棄保。結果證明，國民黨上述策略基本奏效，宋的得票被壓縮在3%以內而未對馬選情造成更大衝擊。

二是選後親民黨選擇與國民黨策略合作。親民黨憑藉3席立委在立法院組建黨團，在推選「立法院正副院長」等問題上主動支持國民黨推薦人選，表現出了積極的合作姿態。同時，宋楚瑜也對親民黨黨團提出了優質問政的要求，希望借此改善並強化親民黨在選民中的形象，鞏固選民基礎。

3.3.2.2 親民黨與民進黨的競合關係

親民黨一度是台灣政黨版圖上實力最強、影響力最大的第三勢力，不但與相近政治光譜下的國民黨發生競合關係，亦與對立陣營的民進黨產生互動。民進黨在掌握執政資源時，親民黨一旦無法從本陣營取得滿意的資源，就產生了「夜奔敵營」、與民進黨合作的意願。但民進黨多是在其身陷執政困境的情況下才向親民黨伸出橄欖枝，因此造成雙方的結盟很難持久。

(1) 2000年民進黨上台—2005年「扁宋會」舉行

2000年，陳水扁以微弱優勢贏得「大選」，但立法院半數以上席次仍掌握在國、親、新三黨手中，民進黨面臨「在野黨」全面開戰，政令出不了「總統府」的尷尬局面。為緩解「朝小野大」的執政困境，陳水扁不斷開出「由宋楚瑜組建聯合內閣」的空頭支票，企圖誘使親民黨降低與民進黨對抗的力度，幫助民進黨渡過執政難關。宋楚瑜則出於瓦解國民黨、壯大親民黨的目的，在同民進黨聯手的問題上有所心動。2000年7月，親民黨表示願與民進黨共組「聯合政府」，10月19日，宋楚瑜與陳水扁會面並提出政黨合作的主張。但在宋扁會面僅8天後，民進黨背棄原來的承諾，突然宣布停建「核四」，導致親民黨與民進黨的首次合作告吹。2004年「大選」落敗後，國親之間為爭奪有限的政治資源關係再度緊張，隨後的立委選舉中國親裂痕不斷擴大，宋楚瑜將親民黨席次下滑歸罪於「國民黨背棄國親合作共識」，宣布「要走自己的路」。2005年初，宋楚瑜又釋出「未來親民黨會在台獨並非選項、堅持中華民國主權、對台灣人民有益的基本立場下，與任何政黨就民生議題進行合作」的訊息，同時陳水扁也不斷為「橘綠和解」營造氣氛，最終於2005年2月促成「扁宋會」。雙方懷著不同動機推動橘綠合作的目的在於，親民黨希望借此擴展支持基礎，陳水扁則企圖以此裂解泛藍陣營、突破「朝小野大」的困境。但「橘花終難配綠葉」，橘綠合作直接造成藍綠陣營內部激烈反彈，宋楚瑜在「扁宋會」後

的民意支持度不升反降。

(2) 2005年宋楚瑜訪問大陸—2011宣布參選前

該階段兩黨因結構性矛盾而至合作破局，雙方互動也逐步停止。2005年，陳水扁在宋楚瑜赴大陸開展「搭橋之旅」時對宋「背後捅刀」，爆料「宋在美國會見陳雲林」，使宋與民進黨打起官司，橘綠合作不歡而散。但宋楚瑜上演「扁宋會」等一系列政治操作讓泛藍支持者對宋及親民黨開始失望，親民黨支持度大幅下滑。為化解政黨危機，鞏固不斷流失的深藍基本盤，累積與國民黨討價還價的政治籌碼，親民黨大動作參與2006年「倒扁運動」，站上對抗民進黨的最前線，扮演了「倒扁急先鋒」的角色。隨著陳水扁深陷執政危機，親民黨實力也大幅萎縮，民進黨與親民黨逐步喪失了彼此之間的利用價值，親民黨與民進黨互動動力不足。這種局面因2012「大選」的來臨而被打破。

(3) 宋楚瑜率領親民黨參與2012「大選」後，親民黨與民進黨互為籌碼加以利用

親民黨雖與民進黨政治立場迥異，但在本次選舉中親民黨借民進黨要挾國民黨，民進黨則因親民黨參選主要瓜分藍營選票，因此對宋參選「樂見其成」，甚至暗中推波助瀾，希望國親內訌而坐收漁翁之利。宋楚瑜及親民黨對蔡英文的形象尤其是涉及「宇昌案」以及蘇嘉全「農舍爭議」的事件較少評論，但卻不斷公開「打馬」，宋更多次透過親綠的《自由時報》等釋放消息，向國民黨施壓。民進黨則極力「抬宋打馬」，蔡英文稱宋楚瑜是「可敬的對手」。但民進黨也不敢公開「挺宋」，以防激發泛藍選民的危機意識，最後弄巧成拙「搬起石頭砸自己腳」，但綠營團體卻不遺餘力地助宋，就連與宋楚瑜曾反目成仇的李登輝也改口稱讚宋楚瑜是優秀的行政人才，「做立委實在太可惜，應該坐更大的位子」。宋楚瑜能夠順利跨越連署門檻，也與泛綠選民在連署中「灌水」密切相關。當然，宋楚瑜非常清楚其參選及做出「打馬」動作的目的是為親民黨爭取生存空間，若最終因藍營內耗而至民進黨上台也不符合親民黨利益，因此也會拿捏「打馬」力道。

3.3.3 台聯黨與兩大黨的競合關係

3.3.3.1 台聯黨與國民黨之間的競合關係

台聯黨在「大選」中不遺餘力地支持民進黨，並以「本土牌」分化國民黨的支

持者。但另一方面，台聯黨成立也拉走了國民黨內的李系人馬，客觀上有利於國民黨卸下「李登輝路線」的包袱，正本清源，重新找回國民黨的傳統價值，鞏固藍營基本盤。

由於台聯黨的政黨實力尚不足以支持其單獨挑戰「總統」選舉，而其所奉行的精英路線又使它既無意願、又無資源進行地方經營，因此立委選舉是台聯黨進行政治活動的主要舞台。2001年，台聯黨在其成立後的第五屆立委選舉中，採取高額提名策略，共提名39名區域及原住民候選人，15名不分區候選人及1名僑選立委候選人，在李登輝政治餘威作用下，台聯黨拿下8席區域立委，得票率超過5%的政黨門檻並分到5席不分區立委席次。2004「大選」中，台聯黨扮演民進黨同盟軍角色，其發動的「百萬人手護台灣運動」對國民黨選情形成了較大壓力。台聯黨也始終未放棄對國民黨的分化瓦解，在2005年國民黨主席選後，台聯黨拋出「只要是認同台灣，本土政權並非民進黨專屬，如馬英九能化解國民黨親中勢力的壓力，改走本土路線，台聯不排除與國民黨合作」[15]，企圖誘導國民黨加速向所謂的「本土化」方向邁進。但台聯黨向國民黨示好具有明顯的條件限制，一旦面對決定政權歸屬的重大選舉，台聯黨又馬上成為民進黨對抗國民黨的打手。

在2012「大選」中，台聯黨高舉「棄馬保台」大旗，炒作「兩名台灣人『總統』 被外省人 『總統』 打壓」，試圖重新挑起「省籍矛盾」，在選舉中替民進黨「扮黑臉」攻擊國民黨。選後還未正式進入立法院，台聯黨即高調宣稱將在下任會期提案「廢除ECFA」。2月2日，在對第八屆「立院」第一會期的開議日期協商中，台聯黨堅持要在立法院開議日先提出「憲法修正案」，將現行立委選制的單一選區兩票制改為中選區制，並將不分區立委比例提高到五成，並仿效德國的聯立制，讓政黨不分區立委的當選門檻從5%降為3%，使更多小黨能夠有發聲的機會。[16]國民黨認為這有違議事規則，協商因此破局。2月9日，「台聯黨團」又要求國民黨承諾未來在程序委員會不能以人數優勢擱置「在野黨」提出的法案，台聯黨才願意簽署對開議日的協商結論，國民黨則不願對台聯黨提議做出讓步。[17]

3.3.3.2台聯黨與民進黨的競合關係

台聯黨與民進黨的關係較之它與國民黨的關係更加複雜，泛綠兩黨之間至少存在三種關係，一是在根本利益一致基礎上的合作互助關係，二是在某些問題上的制約與競爭關係，三是基於不同目的的利用關係。

第 3 章　從第三勢力視角看臺灣政黨版圖變遷

首先，台聯黨與民進黨之間存在一種「以共同意識形態為前提、以實力對比為基礎、以利益分配為導向的非制度化的戰略結盟關係」。[18]台聯黨成立的直接目的之一就是要在民進黨遭遇在野陣營聯手制衡、執政艱困的情況下「拉一把」，幫助民進黨擺脫困境。因此台聯黨在關係民進黨政權存亡的關鍵時刻，多會捐棄前嫌，動員「台獨基本教義派」支持綠營候選人，從台聯黨成立之初到2004年民進黨尋求連任的過程中，合作是雙方關係的主基調。具體而言，台聯黨是民進黨上台之初鞏固政權，以及競選連任中不可或缺的重要幫手。2000年選後，陳水扁所鼓吹的「新中間路線」四處碰壁，支持度一再下滑，此時台聯黨手中所掌握的「台獨基本教義派」選票就成為為民進黨安定政局、對抗泛藍陣營的重要助力。2004年「大選」中，台聯黨與民進黨共同輔選，李登輝還擔任「全國挺扁總會辦公室」的總召集人，並發動「牽手護台灣」活動為民進黨拉票。雖然此後台聯黨與民進黨爆發矛盾，雙方一度漸行漸遠，台聯黨提出向「中間偏左」政黨轉型。但實際上台聯黨並不願放棄「台獨基本教義派」的支持，李登輝更不可能真正放棄「台獨」立場，加之台聯黨的精英政黨定位不易擴大選民基礎，很難真正得到中產階級以及弱勢群體的支持。從外部環境角度考量，可供台聯黨利用的轉型空間有限，台灣社會目前尚不存在真正超越藍綠的第三黨的發展空間。台聯黨祕書長林志嘉稱，「在兩大黨的夾殺之下，台聯中間偏左的路線會變得很窄、人民的認同度很低，都是我們沒有辦法逃避的困難」。[19]

2008年民進黨敗選後，台聯黨與民進黨的關係迅速升溫，兩黨共同發起「民間國是會議」，「捍衛台灣主權」等系列活動，[20]隨著2012年選舉臨近，雙方進一步加強合作，並商定立委選舉「共同合作打選戰，協商『立委』提名，避免大綠小綠內部廝殺」。[21]李登輝與蔡英文會晤並呼籲，「未來台灣政壇絕對不可能靠一己之力就能取得政權」，「不合作不行了」。台聯黨明確宣布，2012「大選」，「總統支持蔡英文、區域立委投民進黨、政黨票投台聯黨，儘量爭取政黨票過5%門檻」，黨的基本立場是「棄馬保台」。[22]事實上，台聯黨始終高舉的「台灣主體路線」本質上是「台獨」路線，台聯黨與民進黨合作的主要目的就是要與民進黨分進合擊，由台聯黨為民進黨鞏固深綠基本盤，而民進黨則可適度標榜中間路線，擴大選民基礎。台聯黨祕書長林志嘉表示，「民進黨要成為執政黨必須擴越50%選票，不太可能強調『台獨』這塊領域，台聯黨必須與民進黨分工」。[23]

其次，台聯黨與民進黨的合作也非親密無間，由於雙方實力差距懸殊較大，台聯黨高層又始終堅持「李登輝路線」、反對成為民進黨的附庸，因此台聯黨在處理與民進黨關係時既有合作扶持的一面，亦存在刻意區隔的方面，甚至在諸多議題上公開與民進黨唱反調。台聯黨成立後基本接收了早已泡沫化的「建國黨」的支持基礎，並成為「台獨基本教義派」的大本營，一定程度上瓜分了民進黨的深綠基本盤。但民進黨曾為了擺脫執政危機，轉而尋求「台獨基本教義派」支持，因而大挖台聯黨的牆角，雙方就此爆發多次爭端。

2000年民進黨上台後，在兩岸政策方面淡化「急獨」色彩，做出一定的務實調整，台聯黨則為彰顯自身主體性，刻意提出比民進黨更加偏激的政策主張。台聯黨成立後就宣稱要「以公民投票決定台灣前途」，將兩岸關係定位為「國與國關係」，並強烈反對陳水扁上台後所提出的「積極開放、有效管理」的兩岸經貿關係新思維。在立委選舉中，雙方的競爭更加激烈，在2004年第六屆立委選舉中，民進黨未能如願實現泛綠過半的目標，其原因就包括台聯黨堅持高額提名，民進黨則大動作搶奪綠營議題主導權，不斷擁抱深綠取暖，弱化台聯黨深綠共主地位，造成綠營內訌所至。另外，台聯黨對民進黨基於政黨利益，與國民黨聯手透過單一選區兩票制的立委選制改革方案，壓縮小黨生存空間也心懷不滿。在民進黨執政後期，台聯黨與民進黨的矛盾開始升級並不斷公開化。2006年爆發反貪腐「倒扁運動」後，台聯黨主動與民進黨切割，曾與陳水扁「情同父子」的李登輝聲明，「領導人不對就換」、「台灣之子不只有一個人」，顯示兩黨因爭奪深綠基本盤而至關係交惡，已經到了非常尖銳的地步。2006年，隨著陳水扁執政集團貪腐弊案集中爆發，李登輝還企圖利用選民對陳水扁家族的不滿，由台聯黨單獨提名候選人參選年底的北高市長選舉，乘勢瓜分民進黨支持基礎。

2012「大選」後，台聯黨與民進黨以立法院為主要平台的合作又面臨難題。從台聯黨選前猛烈「打馬」，到其當選三席不分區立委後大動作放風要求「廢除ECFA」，後又刻意杯葛議事程序，挑戰國民黨在立法院的主導權，其用意顯然是要藉機提升本黨的曝光率與知名度，爭取深綠選民以及一部分對兩大黨不滿意且易被議題炒作所吸引的選民。但台聯黨這種極端做法在體制內抗爭中有其侷限性，尤其是民進黨在面臨敗選檢討並需要進行路線調整與轉型的情況下，並不願與台聯黨走得過近，擔心染上過多的「急獨」色彩而喪失重新包裝、調整路線，擴大選民基

礎的機會。台聯黨釋出「廢除ECFA案」風向球後，民進黨就未進行正式回應，因為台聯黨的這一主張與民進黨爭取「中間選民」、經濟型選民以及選後謀劃的路線調整的基本方向相背離，民進黨若接招只會損害其政黨形象。而對於台聯黨所提「立委選制修憲案」，民進黨的表態也含糊其辭。其中的重要緣由在於，當初立委選制修法是在民進黨執政時完成，且民進黨是修法成功的最大推手，若其附和台聯黨的訴求就等於自食其言。從選後泛綠內部幾次互動情況可見，未來「大綠」與「小綠」互補合作是其關係走向之一，但民進黨內部要對台聯黨有所防範的聲音也不在少數，民進黨內有人擔心，台聯黨擴張後可能與民進黨爭奪「正綠軍」代表權，進而啃噬民進黨的基本盤。而台聯黨對民進黨也有所提防，擔心其一旦轉型之路遭遇挫折會再次向深綠回擺，吞噬台聯黨精心建構的深綠基本盤，因此未來兩黨互動將在保持台面上熱絡氣氛的同時，不可避免會出現暗中較勁、互挖牆腳的局面。

表18：「台聯黨立委」選舉政黨得票率情況（%）

選舉項目	國民黨	民進黨	新　黨	親民黨	「台聯黨」
2001年立法委員	28.56	33.38	2.61	18.57	7.76
2004年立法委員	32.83	35.72	0.13	13.9	7.79
2008年立法委員	51.23	36.9	3.95	3.95	3.52

第三，雙方之間亦存在相互利用的關係。台聯黨成立後所標榜的極端「台獨」立場，客觀上淡化了民進黨的激進色彩。同時，台聯黨亦可利用民進黨為爭取中間選票，放棄「急獨」路線後深綠光譜的空缺來壯大自身力量。台聯黨成立後，為鞏固深綠基本盤，掀起了台灣政壇上新的一波街頭抗爭運動，並在體制內外與泛藍陣營抗衡，甚至對民進黨當局背離「台獨」主張的某些務實調整也大加杯葛，但這也恰恰有利於突顯民進黨向中間路線轉型的成果，淡化民進黨「台獨」色彩。同時，民進黨還利用台聯黨的極端立場向國民黨叫陣，對大陸示威，讓台聯黨為其「扮黑臉」、「當打手」。而台聯黨也利用民進黨向中間靠攏的機會，乘勢擴大深綠基本盤。

3.3.3.3台聯黨與親民黨的競合關係

親民黨與台聯黨作為台灣先後出現的第三勢力，其成立背景與社會基礎存在較大差異，但在與兩大主要政黨的互動中，親民黨與台聯黨之間也發生了間接聯繫，對推動台灣政黨格局的變遷亦產生了一定影響。可以說，親民黨與國民黨的合作是台聯黨的催產素，而台聯黨的誕生又加速了國親整合的進程。2000年民進黨上台之

初，國、親、新三黨各自為戰而難以形成合力，但當年10月的「核四風波」促使「在野黨」開始加速整合，泛藍陣營初步形成。泛藍整合、擯棄李登輝分裂路線的大調整不但對陳水扁當局形成巨大壓力，更讓一心裂解國民黨、加速國民黨「本土化」的李登輝心急如焚，決定聯合「台獨基本教義派」與國民黨內李系人馬，成立台聯黨來替陳水扁當局「救火」。而初具雛形的泛藍陣營在首次合作應對年底立委及縣市長選舉的過程中，也因票源高度重疊而致衝突不斷，親民黨與國民黨之間的整合一度陷入困境。台聯黨則企圖聯合民進黨，乘藍營內鬥之機將其各個擊破，這客觀上又激發了藍營的危機意識，進而加速國親整合。

小結

一、第三黨在台灣「總統」選舉中幾無當選機會，但在一定條件下能對兩大黨的選戰佈局產生影響，發揮關鍵少數作用。

（一）在兩大黨占盡政經資源優勢，擁有龐大選民基礎的條件下，第三黨想要在兩大黨夾殺下贏得「大選」，其獲勝的可能性微乎其微。以2012「大選」中的親民黨為例，儘管支持宋楚瑜參選「總統」的連署書達到46萬份以上，且宋民調支持度最高達10%左右，但最終宋只拿下36萬票，得票率僅2.8%。究其原因：

一是國、民兩大黨不斷向中間靠攏，擠壓了第三黨在中間選民中的得票空間。統「獨」議題曾是區分國、民兩黨的主要標準，而許多既不投藍、又不選綠的中間選民就成為第三勢力競相爭奪的對象。隨著中間理性選民不斷增多，兩大黨也開始大力淡化統「獨」議題，向政治光譜的中間靠攏，這就壓縮了第三勢力在中間選民中的生存空間。這種趨勢在國民黨上台後繼續發展，國民黨既在「九二共識」的基礎上積極推動兩岸交流，同時也在台灣不斷強調對「台灣主體性」的堅持，在推進兩岸合作時小心謹慎，如對陸生赴台等加以重重限制，就是要防止來自民進黨及部分民眾的反對，而對於處理兩岸政治定位等敏感議題，更是刻意迴避。國民黨的這些做法一定程度上淡化了中間選民對國民黨執政後，可能導致台灣在與大陸交往中喪失主體性的擔憂。同時，馬在內政、經濟政策上的訴求也努力迎合中間選民的口味。民進黨方面，他們也看到台灣選舉政治運作已步入成熟期，選民的政治行為更趨理性，希望兩岸關係和平發展逐漸成為台灣主流民意，民進黨內的民粹、「急

獨」聲音愈來愈遭到民眾尤其是中間選民的反感。蔡英文出任黨主席後，開始推動民進黨向理性、務實的方向轉變，突出表現在以「十年政綱」為藍本，加大爭取中間選民的力度。蔡的做法使民進黨民粹、暴力、「急獨」的色彩有所淡化，競選中蔡英文在中間選民中的支持率始終與馬不相上下。

二是藍綠二元結構限制了第三黨在「大選」中的活動空間。台灣政黨政治的成因與發展歷程有其自身特殊性，國民黨與民進黨各擁一部分屬於不同階級、不同省籍背景及地域來源的支持者，選民在涉及國家認同、身份認同、統「獨」議題上都存在涇渭分明的藍綠色彩。儘管目前台灣社會結構出現變化，中間理性選民不斷增多，但一涉及選民投票行為，尤其是進行相對多數決的「總統」選舉時，台灣選民仍會按藍綠光譜站隊。藍綠二元對立結構之所以根深蒂固難以化解，主要原因在於「藍綠對立的意識形態，蘊含省籍衝突的歷史情結，涉及對台灣身份、兩岸關係和涉外關係的不同認知，一時難以改變」。[24]這種藍綠二元對立結構使第三黨想要在「總統」選舉中打開突破口困難重重。2012年「大選」前一天，國民黨榮譽主席連戰針對宋楚瑜參選號召選民，「現在不是三分天下，而是兩黨對決」，要「團結起來、集中選票」。[25]其言論使棄保效應在藍營內部徹底發酵，壓縮了宋在藍營傳統票倉的得票率。如在台北市、新北市、桃園縣、苗栗縣等傳統票倉，宋的得票率皆未突破3%；宋在省長任內曾到訪過74次、被認為是宋的最大鐵票區的花蓮縣，他也僅得到6千多票、得票率3.75%；而在宋當年的大本營、省府所在地南投，其得票率也只有3%、約8千多票。[26]這說明宋的影響力已日薄西山，台灣在兩黨對決之下的政治版圖呈非藍即綠的二元對立結構，第三勢力仍無力撼動藍綠政治版圖。[27]

三是第三勢力代表人物的形象至關重要，宋楚瑜的影響力已今非昔比。宋楚瑜得票率未超過3%的癥結，除選民基礎及政治格局壓縮第三勢力生存空間外，其個人及親民黨的選舉能力不足也是主觀原因之一。台灣輿論普遍認為，2006年台北市長敗選後就聲稱退出政壇的宋楚瑜「形象陳舊」，政治色彩早已定型，中老選民認為其了無新意，新生代選民更無法體會宋省長往日的榮光，其支持群體的範圍已受到限制。加之宋參選的個人企圖與政治操作過於明顯，「在參選與否上搖擺不定、手法機巧的做法引發部分選民反感。他拿不到3個百分點的票，顯示選民對他缺乏信任，認為其角色破壞作用更大」。[28]此外，親民黨2008年之後的地方組織形同瓦解，親民黨原來的得力戰將幾乎全部轉投國民黨，黨的財務狀況更捉襟見肘，難以

像國、民兩黨發動大型造勢及環台拜票活動,這在講究人情的台灣選舉中自然不利於爭取選票,因此親民黨選戰打得極為辛苦。

（二）從2012年「大選」中親民黨的作用來看,其參選對國、民兩大黨的選戰佈局均有一定影響。在宋展開連署階段,國民黨表現得「外鬆內緊」,表面上對宋參選不願做過多評價,但內部已意識到宋可能成為影響馬連任的重大障礙。民進黨內部也認為宋參選將增加一道「絆馬索」,因此暗中支持泛綠選民為宋連署大量「灌水」。當宋跨越法定連署門檻並正式宣布參選後,整個選情因此變得更加撲朔迷離,國民黨內不但表現出高度的焦慮情緒,同時緊急強力催票、大打告急牌,客觀上在最後階段提高了對深藍選民的動員率。而民進黨內則因宋參選,很大程度上把戰勝國民黨的希望寄託於親民黨的分票效應,民進黨內有聲音認為,宋極有可能贏得5%以上的選票,並預估民進黨應可拿下48%,從而以1個百分點險勝國民黨。民進黨將獲勝的希望過多地寄託在親民黨身上,一定程度上誤導了其選戰中的資源配置與戰術安排。

二、第三黨在立委選舉中仍有出頭機會,可在立法院發揮重要作用。

（一）雖然親民黨在「總統」選舉中得票率不足3%,但親民黨不分區立委選舉得票率卻跨過5%門檻而贏得兩席,這表明第三勢力在低於「總統」層級、尤其是存在比例代表制的選舉中仍有生存空間。

一是立委選舉的選票結構為第三勢力生存預留了空間。所謂「選票結構」是指選民在選票中得以表示其偏好的方式,包括候選人或政黨名單,可否表達一個以上的偏好,以及是否有第二輪投票等。2008年以前台灣立委選舉為中選區制,選票結構稱為「一票制」,即每位選民只能在選票上圈選一位區域立委候選人。不分區及僑選部分,不需選民單獨投票,而由各政黨所推薦區域及原住民候選人所得票數之和,依比例分配各政黨的當選名額。而目前實行的單一選區兩票制所採取的選票結構則為「兩票制」,即選民有兩張選票,一票選人（選區域立委和原住民立委）,一票投黨（根據政黨票計算出不分區及僑選立委席次）,這樣不分區部分的「比例代表制」就以全台為一個大選區,選民將第二票投給中意的政黨,再根據得票比例分配各個政黨相應的代表席位。[29]按照要求,任何政黨只要其所獲的政黨票突破5%的當選門檻,即可按實際得票比例分配不分區代表席次。這種比例代表制的設計為第三勢力在兩大黨之外贏得立委席次提供了可能。

二是「二合一」選舉為選民分裂投票、支持第三勢力提供了機會。在西方「三權分立」的政治體制下，選民在選舉中將面臨對「一致政府」與「分立政府」的選擇，相應的其投票行為就存在「分裂投票」與「一致投票」兩種模式。[30]在陳水扁執政八年中，台灣實際處於民進黨控制「行政權」、國民黨為首的藍營控制「立法權」的「分立政府」狀態。而2008年國民黨一舉拿下立法院四分之三席次、馬英九高票當選「總統」後，台灣的「總統」與立法院皆由國民黨掌控。但選民投票行為具有一定波動性。從國民黨上次立委選舉看，影響台灣選民投票行為的主要因素是政黨偏好、族群認同以及對當局的施政好惡。2008年「大選」，藍營民眾對民進黨施政八年的「台獨」作為早已深惡痛絕，而中間選民也不滿陳水扁家族的貪腐無能，社會整體上希望實現政黨輪替，對國民黨上台後帶領台灣早日實現經濟復甦、終結政治惡鬥有較高的期盼，因此並未發生大規模的分裂投票。但2012年的選舉兩黨選情膠著，馬當局執政滿意度低迷，選民分裂投票傾向加劇。加之2011年5月，在國民黨全力推動下，台「中選會」決定將2012年1月舉行的第八屆立委選舉與原定於2012年3月舉行第13屆「總統」選舉合併投票，國民黨的初衷是防止立委選情不佳引發「骨牌效應」衝擊「總統」連任，但此舉客觀上為選民「總統」、立委分投不同政黨提供了更多便利。長期研究台灣選舉的台灣大學政治系教授王業立稱，「此次支持宋楚瑜、同情親民黨的選民，最後『總統』投馬英九，政黨票支持宋楚瑜的分裂投票行為非常明顯」。[31]在宋選「總統」對親民黨不分區立委選情產生「蹺蹺板效應」下，部分支持馬英九的選民受補償心理和移情作用的影響，出現將選票轉移給親民黨的分裂投票行為。[32]據《新新聞》選前調查，本次選舉只有38%的民眾會考慮一致性投票，另有高達48.8%的民眾認為自己有可能會「分裂投票」。即使泛綠支持者中也有45.9%會考慮分裂投票，泛藍支持者中為43.6%，中間選民中則有超過63%的人明確表示「總統」、立委不會投同一個黨。[33]最後投票結果，宋楚瑜「總統」得票率只有2.8%，但親民黨立委政黨得票率接近5.5%，說明有超過2.7%的人採取了分裂投票模式。

三是競選方略得力。在2012立委選舉中，親民黨有輸不得的壓力，因此宋楚瑜親自參選「總統」拉抬親民黨氣勢。宋楚瑜以「總統掩護立委」的方式為親民黨炒熱選情，並利用媒體專訪及上政論節目等方式引發選民關注，繼而展開全台性連署測試選情熱度，再結合走訪各地親民黨立委候選人選區及「挺宋」的傳統鐵票區，

以「母雞帶小雞」的方式拉抬親民黨立委選情。[34]另外，本次選舉台聯黨能夠出乎多數人意料拿下近9%的政黨票，也與其選戰策略得當有密切關係。

（二）第三黨長期在立法院發揮重要作用。1995年第三屆立委選舉中，新黨拿下16席區域及5席不分區席次，在當時國民黨立法院席次「形式過半，實質不過半」的情況下，新黨就成為立法院的關鍵少數。親民黨與台聯黨成立後，其在立法院發揮關鍵少數的作用更加明顯。以2001、2005年立法院藍綠兩大陣營席次比率來看，2001年國民黨與民進黨之比約為30%：38%，國民黨實力不及民進黨，但加上親民黨席次後，泛藍陣營對民進黨的席次比轉變為50%：38%，泛藍陣營對民進黨呈壓倒性優勢。隨著台聯黨增援民進黨，藍綠比又接近至50%：45%。2005年，雖然國民黨與親民黨的實力出現消長，但藍綠雙方仍維持在50%：45%。可見，國、民兩大黨若少了第三勢力的支持，就可能在政黨競爭中處於劣勢。2012年立委選舉，親民黨與台聯黨各有3席入帳，未來仍可在提案、委員會討論中繼續發揮重要作用。

三、第三黨興衰與同質性大黨的實力變化之間是此消彼長的關係

第三黨從政治光譜上看，很難處於絕對中間位置，其或為極端型，或為中間偏左或偏右的政黨。一般而言，第三黨與兩大主要政黨中的一黨屬於政治色彩相近的同質性政黨，如親民黨與國民黨，台聯黨與民進黨。第三黨的實力消長與本陣營同質性政黨的關係最為密切。

親民黨在成立之初，上升勢頭強勁，2001年立委選舉中，親民黨取得了46席，只比國民黨的68席少22席，從而穩居第三大黨位置。而與親民黨同質性較強的國民黨則面臨失去政權後內部分裂、選民大幅流失的低谷期。但經過連戰任黨主席後的一系列重大改革，國民黨基本上去除了「李登輝路線」，在經歷敗選陣痛後又逐步重整旗鼓，煥發出新的活力。而同期的親民黨則開始走下坡路，2004年「大選」「連宋配」落敗後，親民黨政黨聲望與實力進一步下降，國民黨則在2005年完成世代交替，由新的政治明星馬英九接掌國民黨主席，整體氣勢更加高漲，並在隨後的縣市長選舉中取得重大突破，同期親民黨實力則繼續下滑。當然，親民黨的衰弱還與其個人魅力型政黨的特質密切相關，2000年宋楚瑜憑藉個人聲望脫黨參選並幾近當選，選後宋雖籌組親民黨，但他已失去行政資源與供其揮灑的最佳舞台，選民對其的印象僅停留在以往宋省長的階段。宋此後的一系列權謀做法又引發藍營民眾不滿，其道德形象與個人魅力不斷減分，多種因素共同造成了親民黨的衰弱。

注　釋

[1]. 邁克爾·羅斯金著，林震等譯：《政治科學》，中國人民大學出版社，2009年4月，第233—237頁。

[2]. 但「建國黨」由於堅持激進的「台獨」立場，其社會基礎相當薄弱，加之黨內凝聚力不足，領導人政治經驗缺乏，導致該黨始終無法在立委選舉中突破5%的政黨門檻，逐漸瀕於泡沫化。

[3]. 廖雨辰、陳其邁著：《新黨震盪》，希望出版事業有限公司，1995年，第3—4頁。

[4]. 1990年，朱高正組建中華社會民主黨，該黨是台灣第一個以第三勢力為號召的政黨，但由於該黨很快就泡沫化，因此並非真正意義上的第三勢力。

[5].薛永華著：《新黨的發展與衰退——歷史研究途徑的分析》，中國文化大學政治學研究所碩士論文，第180頁。

[6].蔡韻竹著：《國會小黨的行動策略與運作》，台灣政治大學碩士論文。

[7].林勁、郭紅斌著：《當代台灣政黨互動分析》，九州出版社，2008年11月，第42頁。

[8].二月政改是指民、新兩黨在「大和解」後，針對接下來的「立法院正副院長」選舉和「閣揆」同意權投票問題上，與國民黨進行的較量，其結果是民進黨及新黨幾近成功，但最終功虧一簣。

[9].餘克禮、周志懷主編：《台聯烏合登場，攪亂政壇混水》，《〈台灣週刊〉看十年政局演變》，台海出版社，2005年8月。

[10].餘克禮、周志懷主編：《台聯烏合登場，攪亂政壇混水》，《〈台灣週刊〉看十年政局演變》，台海出版社，2005年8月。

[11]. 許世銓主編：《2002台灣研究年度報告》，中國社會科學院台灣研究所，九州出版社，2003年5月，第54—55頁。

[12].《王作榮嚴抨扁宋會政治秀批宋著著算步步錯回回輸》，《中央日報》，2005年2月24日。

[13].《本報最新民調宋參選影響小馬33%蔡29%宋10%》，《中國時報》，2011年8月5日。

[14].「第三勢力的最後希望」,親民黨網站文宣,2012年1月12日。

[15].《拉王? 友馬? 台聯不設限》,《中國時報》,2005年7月18日。

[16].《台聯堅持開議先提修憲 讓立院開議日難產》,《中國時報》,2012年2月2日。

[17].《協商破局 立法院仍無法開議》,《聯合報》,2012年2月10日。

[18].燕子著:《台灣團結聯盟變遷與轉型》,廈門大學台灣研究院碩士論文,2008年5月。

[19].林志嘉著:《台聯面臨的主要問題與挑戰》,《中國評論》,2007年12月號。

[20].《民進黨、台聯國是會議 農曆年後登場》,《自由時報》,2008年12月16日。

[21].《拼立委選戰 泛綠達成合作共識》,《自由時報》,2010年12月23日。

[22].《選戰,林志嘉:泛綠要過半並不容易》,《中央日報》,2011年7月9日。

[23].《選戰,林志嘉:泛綠要過半並不容易》,《中央日報》,2011年7月9日。

[24]. 林岡著:《台灣政治轉型與兩岸關係的演變》,九州出版社,2010年8月,第103—104頁。

[25].《有高度、有氣度團結泛藍連戰無私輔選立大功》,《中國時報》,2012年1月15日。

[26].《棄保發酵 宋林配得票僅2.8%》,《中國時報》,2012年1月15日。

[27].《從宋楚瑜看第三勢力的空間》,《聯合報》,2012年1月27日。

[28].《從宋楚瑜看第三勢力的空間》,《聯合報》,2012年1月27日。

[29].王京瓊、劉紅、張華、王鴻志著:《台灣「單一選區兩票制」》,中國社科院台灣研究所2007年度課題,第67—68頁。

[30].「一致政府」是指立法與行政部門由同一黨控制,選民投票行為也自然大部分呈一致性取向。而「分立政府」是立法、行政部門分屬不同政黨掌控,部分選民投票的取向就會出現總統、議員分投不同政黨。

[31].《學者:大選出現棄保和分裂投票》,《中國時報》,2012年1月15日。

[32].《選民分裂投票 橘營早有數》,《中國時報》,2012年1月15日。

[33].《6成中間選民考慮分裂投票》,《新新聞》1277期封面文章,2011年8月25日—8月31日。

[34].《觀察站/宋楚瑜蹺蹺板效應 橘免除泡沫化》,《聯合報》,2012年1月15日。

第4章 台灣非政黨型第三勢力

　　除政黨型第三勢力外，社會運動型、無黨籍人士及其團體、脫黨參選者、混合型等四種第三勢力皆可歸為非政黨型第三勢力。在滿足一定條件的情況下，利益集團也可扮演第三勢力的角色，但由於利益集團依附性較強、政治性不足，在多數情況下不具備單獨發揮第三勢力作用的能力，因此在本章中不單獨進行討論。與政黨型第三勢力相比，非政黨型第三勢力影響政治生活的方式更靈活多樣，作用的範圍與深度進一步擴大，它既能夠直接參與不同層級的選舉，亦可製造議題來影響選舉，或透過自身渠道進行政治動員，與兩大主要政黨進行互動的程度絲毫不亞於第三黨。因此，考察了政黨型第三勢力之後，還必須關注非政黨型第三勢力，這樣對台灣第三勢力的認知才更全面。

4.1 社會運動型第三勢力

　　在政黨政治產生以前，社會運動是打破威權專制體制、開啟政治民主化進程的重要推動力量。在非政黨型第三勢力的幾種類型中，社會運動型影響力最強且波及範圍最廣。因此，考察社會運動型第三勢力具有非常重要的現實意義。

4.1.1 社會運動發展脈絡

　　社會運動與政黨及政治體制變遷有極為密切的互動關係，在推動政治體制變革、政黨更迭中可發揮重要作用。在西方民主國家的社會運動中，國家機器多扮演中立的仲裁者角色，而台灣在戒嚴威權時代，「國家機器」帶有明顯的「黨國體制、不公不義」的烙印，因此台灣早期社會運動的矛頭直接對準的是國民黨當局。一般認為，台灣的社會運動始於20世紀80年代，雖然此前也有零星的「自力救濟運動」，但由於國民黨的高壓獨裁統治而難以形成聲勢，直到80年代，全球及台灣環境均發生有利於社會運動的變化，台灣台灣社會運動才開始興盛起來，後續發展可分為四個階段，一是威權鬆動時期（1980—1987年），二是政治自由化時期（1987

—1992年），三是民主化時期（1992—2000年），四是民主鞏固時期（2000—至今）。

社會運動在民進黨成立前即存在，民進黨成立後，社會運動中的一部分投入民進黨，另一部分仍游離於黨派之外，成為國、民兩大黨之外的社會運動型第三勢力。從第三勢力視角觀察，我們可將台灣社會運動劃分為如下三個階段，並從中發現台灣社會運動型第三勢力的活動規律。（本節所指的第三勢力如無特殊說明，均為社會運動型第三勢力）

4.1.1.1 第三勢力與民進黨結盟時期（1986—1992年）

在「解嚴」前，社會運動被國民黨視為破壞社會秩序的行為而嚴加防範，非經當局允許的集會遊行都屬非法。但隨著20世紀70—80年代台灣經濟起飛與社會階級結構的兩極分化，以及都市化的快速發展，過去潛藏或被壓制的各種經濟社會矛盾不斷爆發，從20世紀70年代開始，台灣的集體抗爭行為乃至社會運動開始逐漸興起。但此時的社會運動主要是民眾對國民黨一黨獨裁與「戒嚴體制」壓抑下的反彈，僅限於要求國民黨當局修改政策，放鬆其對社會的管制等，社會運動與黨外運動之間尚未建立起緊密聯繫。

1986年9月28日，台灣政壇真正意義上的反對黨——民進黨突破國民黨禁止組黨的限制而成立，打破了台灣政黨版圖上國民黨壟斷獨享的局面，儘管此時的民進黨與國民黨實力懸殊差距較大，但兩黨體制的出現為台灣社會運動型第三勢力的興起創造了可能與空間。新興的民進黨為迅速壯大力量，採取了體制外與體制內並舉的競爭路線，不但參與台灣公職選舉，而且積極發揮社會運動的力量向執政當局施壓。民進黨最早的社運部負責人即表示，「作為政治反對勢力我們追求的，不只是各種社會運動的蓬勃發展，而且期待社會運動的參與者，最後能體悟問題的根本在政治改革，進而將形形色色的社會運動，匯成政治運動的支流，形成巨大的民主運動波浪，徹底改革社會體制」。[1]雖然民進黨與社會運動的性質與形式不同，根本目標各異，但長期受到壓制的民眾極易將一切社會問題統統歸咎於國民黨獨裁統治，因此民進黨很容易獲得來自社會運動的同情與支持。加之政黨有充沛的人力、物力資源及更加高效的組織動員體系，有了反對黨的支持，社會運動可以發揮更大影響力，因此在當時許多社會運動中，經常可以看到反對黨加入或合辦活動的身影。總之，民進黨成立後與社會運動迅速建立起合作關係，此時又恰逢台灣的統

「獨」問題在民進黨操弄下浮上台面，第三勢力又經常被民進黨利用，與統「獨」爭議相結合向國民黨施壓，這就導致社會運動型第三勢力出現伊始就被民進黨綁架，面臨主體性缺失的困境。

4.1.1.2 探索第三勢力出路時期（1992—2005年）

蔣經國突然離世後，台當局繼任領導人李登輝為鞏固領導地位，同黨內「非主流派」傳統勢力進行了激烈的政治鬥爭，而李樹立權威、鞏固黨政權力的重要方式之一就是借推動民主化改革，削弱保守派實力。從1990年開始，李登輝召集朝野各黨派召開「國是會議」，作為推動「憲政改革」的參考，並研議終結「萬年國會」、「老國代」退職等問題。次年5月，李登輝宣布廢止「動員戡亂時期臨時條款」，結束了長達半個世紀的高壓管制，並展開第一次「修憲」，推動民意機關換屆選舉。經過國民黨內的權力鬥爭，在反對黨及全社會的壓力下，以1992年立法院全面終結「萬年國會」為代表，台灣開始進入政治民主化新階段。為因應台灣政治環境的改變並早日奪取政權，民進黨也將原來「群眾路線與公職掛帥的二元路線」調整為「選舉總路線」，至此，民進黨與社會運動之間關係的總體發展方向也開始由並肩作戰的親密關係轉向相互疏離的尷尬關係，雙方利益紛爭與策略分歧開始表面化。但這一重大變化也意味著台灣社會運動型第三勢力要擺脫民進黨而尋求建立主體性，第三勢力面臨挑戰與機遇並存的形勢。該時期從1992年起，到2006年「倒扁運動」發生前截止，其中又以2000年首次政黨輪替為代表而劃分為兩個階段。

（1）掙扎求生與建構主體性階段（1992—2000年）

1992年第二屆立委就職代表著台灣正式邁入政治民主化階段，對社會運動而言，其影響是多方面的。首先，政治環境相對寬鬆使社會力量有了更多參與政治活動的機會，尤其是社會運動與體制內政治力量的對話與合作機會進一步增加，這又促使許多社會運動領袖期望透過政黨運作擴大社會運動的影響力，甚至直接加入主要政黨。其次，社會運動的政治盟友——民進黨也進行了策略調整。隨著以「選舉總路線」奪取政權方針的確立，民進黨也開始調整與社會運動的關係，原本大力推動民進黨與社會運動結合的「新潮流系」指標性人物邱義仁指出，「民進黨和社運團體應該互相尊重不同角色地位，重新界定彼此的政治功能」，「民進黨的角色，主要是推動體制內的政策辯論和立法監督，社運團體的角色主要是開展體制外媒體造勢與民眾動員」。顯然，民進黨高層已開始醉心於權力政治與體制內抗爭，對社

會運動所採取的反體制抗爭行為有所顧忌，因此希望與社會運動適度切割並保持一定距離。民進黨態度的轉變也促使一度以為可以投入反對黨懷抱而分享勝利果實的社會運動開始二次反省，內部也出現路線之爭，最終一部分社運人士選擇加入民進黨，另一部分則試圖建構主體性，社會運動型第三勢力就在其中努力尋求突破與發展。

該階段具備第三勢力某些特徵的社會運動包括環境運動、婦女運動以及勞工、客家、原住民運動等，但各類型運動發揮第三勢力作用的程度不盡相同。一是以「反核四」為代表的環境運動最為轟轟烈烈。在此過程中，國、民兩大黨之外的另一政黨型第三勢力——新黨成立了，並在環境運動中站在了執政黨的對立面，從而為環境運動提供了新的結盟對象。儘管該階段環境運動對民進黨而言有較強的利用價值，民進黨也希望將其作為攫取政治利益的工具，但與前期相比，環境運動的自主性稍有所增強。二是婦女運動。早期的婦女運動採取無黨派、不結盟策略，在政治民主化開啟後，各政黨都將目光對準了握有一半選票的婦女群體，這既為婦女運動介入政治、發揮更大影響力提供了機會，又讓許多婦女運動領導人改變了原來的無黨派策略，轉而與當局進行體制內合作，或者與反對黨結盟，因此喪失了第三勢力的影響力。三是客家運動。長期以來客家群體與國民黨當局關係良好，但國民黨「獨尊國語」的政策也一直遭到客家人的批評，而在民進黨策動下有些人傳播的「福佬沙文主義」更使客家人面臨母語喪失、族群認同減弱的危機。隨著客家人自我權利意識的不斷覺醒，客家運動伴隨政治民主化浪潮應運而生。客家運動不但要求當局重視客家文化的傳承，也開始透過加強政治參與來擴大客家族群的影響力，進而為客家族群爭取更多行政資源的挹注。1994年，「台灣客協」甚至轉變長期「挺藍」的做法，轉而支持民進黨候選人陳水扁，陳水扁也在當選台北市長後成立客家會館與客家藝文中心來對轄區內的客家族群予以政治回饋，客家選民的政黨傾向開始由國民黨占絕對優勢向藍綠差距逐步縮小轉變。1995年，「台灣客協」成立「新客家助選團」，介入地方民代和行政首長的選舉並發揮了一定的影響力，客家族群成為藍綠主要政黨競相爭奪的對象。

總體而言，政治民主化的發展增加了社會運動型第三勢力政治參與的渠道，社運人士依託政黨投入選舉又使社會運動面臨人才流失與被「收編」壓力。社會運動的領袖與參與者也逐漸認識到，民進黨為實現早日執政的目標，在政治民主化時期

調整過去形成的反體制行動策略也勢所難免。在社會運動中,儘管民進黨還試圖扮演社運盟友的角色,但這已非出於雙方理念認同,更多是基於自身政治利益的考慮,因此民進黨與社會運動間的關係出現貌合神離的跡象,這種狀況在2000年政黨輪替後進一步加強。

(2) 民進黨上台後,第三勢力探尋發展的新路徑階段(2000—2005年)

2000年「大選」完成了台灣首次政黨輪替,民進黨上台意味著社會運動的「傳統盟友」掌握了執政權,社會運動在政黨輪替的影響下也發生了諸多變化:一是部分社運領袖投入民進黨懷抱,擔任民進黨政府官職。二是社會運動路線出現體制外抗爭與體制內參與的分野。三是社會運動抗爭對象從反對國民黨一黨獨大向反對當局政策轉變。四是群眾運動的熱度轉趨下降。

4.1.1.3 第三勢力影響力在紅衫軍「倒扁運動」中達到頂峰,後進入分化盤整期(2006至今)

2006年席捲全台、引發高度關注的紅衫軍「倒扁運動」讓第三勢力的影響力又達到新的高峰,喧囂過後,第三勢力進入分化盤整期。一方面,環境、勞工、社福等社會運動由於在訴求上「重分配效果」,從而引起既得利益者的反彈,因此國、民兩大黨出於選舉利益的考量而與其保持一定距離。另一方面,婦女、原住民、客家等社會運動不易傷及既得利益者,從而成為朝野政黨競相爭取的對象,與兩大黨關係較為緊密。[2]

4.1.2 社會運動的蹣跚成長——以「反核四」環保運動為例

環保運動是台灣興起較早、規模與影響力較大的社會運動,該項運動從興起後就與政治結下了不解之緣,從早期的與「黨外勢力」聯手對抗國民黨,到一度與民進黨結盟反抗當局,環保運動成了台灣較早出現且最具代表性的社會運動型第三勢力。其發展過程與民進黨的崛起息息相關,且長期以來都被民進黨利用並成為其與國民黨鬥爭的工具,因此建構第三勢力主體性的歷程也就顯得較為艱辛。

4.1.2.1「反核四」社會運動興起的原因與早期發展脈絡

人類發現核能猶如打開了「潘多拉魔盒」,在認識到其無比巨大的破壞性威力後,人類又嘗試將其用於民用領域,試圖利用核能量發電來造福人類。儘管各個有

核國家或地區對利用核能慎之又慎，但從美國的三厘島到蘇聯的切爾諾口利，核電站安全問題始終令人類憂心。國民黨退台後，從軍事及經濟角度皆堅持發展核電事業，並於1979年完成核一廠商業運轉，到1986年也就是切爾諾口利核電站發生事故的當年，台灣已建成三座核電站。由於當時台灣尚處於國民黨威權統治之下，對社會言論的控制極為嚴格，因此一般民眾接受的關於台灣發展核電事業的報導都是正面宣傳，對發展核電帶來的危險性認識不足。

　　1983年，台立法院透過興建台灣第四核能發電廠的徵地案，次年「經濟部」擬定了總額高達1870億元（新台幣，下同）的投資預算，並預定於1994年完工，這也是當時台灣規模最大的投資案，平均每位台灣民眾就要分擔1萬元的成本。1985年3月，台灣清華大學教授黃提源動員立委王清連提出質詢案，要求暫緩興建核四廠，當時就有55位國民黨立委及6位黨外立委表示贊同。隨後，台灣主要電視媒體聯合消費者文教基金會（消基會）舉辦「消費者大眾看核四廠」座談會，成功透過大眾媒體使核能安全問題延伸至普通百姓，這就為「反核四」運動打下了群眾基礎。1985年5月，「行政院」在各界壓力下決定「在疑慮未澄清前不必急於動工」，暫時擱置興建核四廠計劃。該階段反核四行為主要停留在自發層面，尚未形成有組織的社會運動。

　　1986年民進黨成立，1987年7月15日，國民黨宣布正式解除戒嚴，台灣民眾享有了自由集會、結社等權利，社會運動迎來了「久違的春天」，本已蓄勢待發的「反核四運動」在民進黨鼓動下迅速發展壯大。1987年11月，台灣環境保護聯盟在民進黨推動下成立，民進黨鼓吹「台灣社會運動必須政治化」的主張。次年，「反核四運動」的在地化組織──「貢寮反核自救會」成立，並獲得當地派系勢力、宗族勢力、宗教團體及利益相關企業的支持，「反核四運動」開始從「理念型」向「行動型」轉變。在民進黨及台灣環境保護聯盟運作下，截至1989年底，「反核四運動」已經從貢寮當地的反核自救會，擴大為當地組織與核一至核三廠相鄰鄉鎮共同抵制核四廠的聯合體，邁出了「反核四運動」全台化的重要一步。

　　4.1.2.2「反核四運動」與國、民兩大黨的互動關係

　　「反核四運動」與國、民兩大黨之間的密切互動以及在不同時期對國民黨與民進黨造成的衝擊，使其成為台灣社會運動型第三勢力的重要代表。

　　（1）與民進黨的關係：「因需要而依附」→「因瞭解而分離」

依附階段：在國民黨威權統治下出現的「反核四運動」及新生的民進黨都有合作對抗國民黨、聯合壯大力量的需求，因此民進黨成立之初就將「反核」列入黨綱，並試圖掌握「反核運動」主導權。在「反核四運動」孕育過程中，台灣環保聯盟與民進黨發揮了重要作用，但貢寮當地的反核自救會才是在地運動的主力，它們草根性強、衝勁足，敢於以激烈的抗爭手段吸引輿論關注，讓「反核運動」掀起巨大的政治影響力，但不足之處是缺乏政黨奧援與鬥爭策略，因而很樂意與民進黨結盟。於是在社會運動與反對黨各取所需的情況下，早期的「反核四運動」與民進黨建立了相互依附的關係。

這種相互依附關係對社會運動而言利弊參半，「利」在於可迅速壯大實力，有效參與政治進程，「弊」則導致社會運動嚴重依賴於政黨而喪失主體性。民進黨則是這種結盟關係的受益者，1989年民進黨候選人尤清能夠拿下「反核四運動」策源地台北縣縣長寶座，很大程度上可歸功於民進黨成功將選舉動員與「反核四」社會運動相結合。民進黨勝選又使雙方依附關係進一步密切，「反核四運動」開始由草根組織抗爭升級為有更大「靠山」的「中央與地方之爭」。雙方的依附與結合併未僅停留在地方層級，隨著1992年第二屆立委選舉民進黨的大勝及次年郝柏村下台，再加上新黨成立並挺進「立院」，「反核四運動」又借助民進黨、新黨的力量而將施壓重心移向「中央」層級的立法院。至此，雙方的策略結盟與依附關係達至頂峰。

漸趨疏離階段：「反核四運動」本寄望於透過進軍立法院的體制內抗爭來實現重啟核四環境評估、阻撓核四預算案等目的，但受「國強民弱」等結構性因素限制，最終皆以失敗告終。這些挫敗使社運人士認識到，民進黨出於邁向執政的考慮，視社會運動為與國民黨討價還價的籌碼，與民進黨進行體制內合作雖有利於推動相關法案儘早排入國會的議事日程，但這也讓社會運動失去主體性與應有的批判性，甚至如同扮演民進黨「次級團體」的角色，這又加速了社運人才的流失。在此後一系列運動中，「反核四運動」團體對民進黨的失望進一步加劇，尤其1996年的「廢核案覆議案」中，民進黨出於政黨分贓、利益交換的需要，以「領票但不投票」的消極方式妥協，使國民黨的覆議案獲得透過。事後，台灣反核行動聯盟等反核組織開始重新檢討與民進黨的合作路線，指責民進黨是故意「放水」以換取國民黨做出有利於民進黨的「修憲」讓步，並發表「告別議會，就地抗爭」的宣言，指

出「核四覆議案是在野黨與國民黨和解套招，對國會遊說可達成反核的路線應該覺醒」，「不應將反核的希望與積累的社會力都放在政治層面上，變成政治人物的籌碼」。隨著民進黨在民主化過程中的質變與選舉掛帥總路線的確立，「反核四運動」中的部分領導者與民進黨「因瞭解而分離」，開始重新尋求自身的主體地位。

2000年政黨輪替後，初嘗勝果的民進黨擺出對「反核四運動」知恩圖報的姿態，宣布了「停建核四」的行政決定，但很快又在朝野壓力下表示，「為了政局穩定及經濟發展，核四復工」，「反核四運動」對民進黨執政後一舉實現多年來訴求的期待落空。但社會運動團體在2004年「大選」中仍對民進黨抱有一絲幻想，幫助民進黨延續執政權，孰料民進黨第二任期內「為政能力不升反降」，「更不幸的是，第一家庭弊案接連被踢爆，社會運動主力失望不滿之情上揚」，[3]社會運動與民進黨之間的親密同盟關係發生重大變化。

(2) 與國民黨的關係：緊張對抗→策略合作

台灣社會運動靠反國民黨起家，因此在2000年之前，雙方關係較為緊張，尤其國民黨對「反核四運動」採取反對態度，郝柏村「行政院長」任內甚至對「反核運動」採取高壓政策。但2000年下野後，國民黨對「反核四運動」的態度出現了策略性改變，一是由於民進黨上台對社運的態度轉趨保守，大片政治空間被釋放出來而待填補，國民黨若想從原屬民進黨的社運領地獲取支持，就必須向社運人士示好，軟化過去較強硬的對社運的態度；二是國民黨判斷，台灣社會主要分歧在於國家認同，因此即使在某些社會議題上採取激進策略，也不會過度衝擊自身的社會基礎，反有利於爭取第三勢力的支持。基於此種機會主義的考慮，國民黨下台後對「反核四運動」的態度出現轉變，在核四復建一年後，當蘭嶼原住民抗議核廢料未能按照承諾遷出時，國民黨一改擁核立場，支持反核主張並要求民進黨「經濟部長」為此下台。但由於社運人士親民進黨的情結要遠強於同國民黨的交情，因此「反核四運動」的參與者多認為，「國民黨的政策調整是出於機會主義與利益考量，雙方的政治聯盟並未形成」[4]。

長期研究台灣社會運動的台灣中研院社會研究所所長蕭新煌教授認為，對環保團體等社會運動而言，不管是國民黨還是民進黨，只要是做得不好都可以批評，但卻不能放棄他們，畢竟台灣的政治就是兩黨在操作[5]，直白道出了台灣社會運動型第三勢力的現實環境與發展境遇。台灣環保聯盟理事長徐光蓉認為，「過去我們與

民進黨有過密切的合作，但其執政8年而漸行漸遠也是事實」，但「民主政治下應有第三勢力的空間」。「社運團體與國、民兩大黨互動是必然現象，兩大黨深刻影響社會運動勢力的強弱和推廣」，未來「反核四運動」仍將在兩黨之間尋求發揮作用的空間。

4.1.3 社會運動的巔峰之作——紅衫軍「倒扁運動」

2006年，因陳水扁家族及其親信涉貪腐弊案而引發的百萬紅衫軍「倒扁運動」是台灣社會運動史上的重大事件，也是台灣社會運動型第三勢力攀上巔峰的代表性事件。這場運動讓外界對第三勢力的形象與能量留下了深刻的印象，鑄就其輝煌的原因是多方面的。從運動的領導人來看，「倒扁運動」總指揮施明德有較強的個人魅力與傳奇色彩，他既是民進黨的創始人和早期主要領導者，又為推動台灣民主進程，在威權統治時期飽受國民黨當局迫害，坐過20多年的政治黑牢，而他現在反對的，恰恰是自己當年的「黨外戰友」。從運動的參與者來看，「倒扁指揮部」的領導層多為當年黨外運動先驅或曾經的綠營人士，而參與者則以泛藍及中間選民為主，同時還有部分泛綠選民，形成「綠頭藍身」的結構，也讓這場運動在形式上成為打破藍綠界限的全民運動。從運動的形式來，運動的組織者不但充分發揮了媒體在社會運動動員中的作用，而且創造出每人捐獻一百元「倒扁」經費的方式，既提升了民眾的參與熱情，同時也保證了運轉經費充足。從議題設計來看，「倒扁總部」別出心裁提出「紅衫」、「禮義廉恥」、「納斯卡線」、「螢光圍城」、「遍地開花」及「天下圍攻」共六個議題框架，達到了聚焦議題、喚起參與者熱情，維持運動熱度的目的。如「納斯卡線」並不為民眾所熟知，但運動組織者正是利用民眾及媒體的好奇心而有效提高了運動的被關注度。有「廣告才子」之稱的「倒扁運動」領導人範可欽引入「納斯卡線」傳說，替民眾描繪了一幅神奇的圖畫，稱「納斯卡線以景福門為支點，向周邊的仁愛路、信義路與中山南路射出三條直線，形成一個代表規矩的圓規，象徵在陳水扁府邸前立下規矩，也像是矗立在凱達格蘭大道（台灣『總統府』前道路的名稱——筆者注）上的原住民勇士，手拿砍刀砍倒貪腐政權」。[10] 從運動參與人數及持續時間來看，這場運動參與人數最高時段突破百萬，且以台北市為中心輻射全台，延續時間長達兩個多月，這些都讓這場運動成為

台灣社會運動史上的重要代表性事件。

表19：反貪腐「倒扁運動」的議題與進程

議題次序	日期	內容及訴求
1	8.11	施明德號召一人捐款一百元，發動反貪腐「倒扁運動」，聲言只要達到100萬人參與，就發動群眾在總統府前靜坐。
2	8.31	「倒扁總部」要在總統府門前的景福門搭建「禮義廉恥」精神堡壘，在台北市文化局介入後，改採四個大型空飄氣球，以定點方式放在靜坐的地點。
3	9.1	「倒扁總部」開始舉辦試行靜坐，選定紅色為活動服裝的主要顏色，媒體稱之為「紅衫軍」。
4	9.9	「倒扁總部」選用南美洲的民間傳說「納斯卡線」作為圖騰象徵，其形像圓規、勇士或「倒扁」手勢。施明德於9月9日帶民眾繞行「納斯卡線」後展開和平靜坐。
5	9.15	發動「螢光圍城」的萬人夜間大遊行，繞行總統府及周圍道路，後再返回凱達格蘭大道。「螢光圍城」告一段落後，「倒扁」群眾轉至台北火車站前廣場。
6	9.29	運動進入「遍地開花」階段，施明德由台北出發，繞行全台。
7	10.10	倒扁總部在「雙十節紀念日」發動百萬人參加的「天下圍攻」，要求陳水扁下台。

4.1.3.1 紅衫軍「倒扁運動」的動因

2005年起，陳水扁「第一家庭」與「總統」親信涉嫌貪腐的醜聞在媒體揭露下接連曝光，民進黨「清廉、民主」的「金字招牌」頓時聲譽掃地。從2005年8月曝出「高捷弊案」至2006年8月，民進黨當局連續曝出「司法黃牛案」、「太平洋百貨經營權弊案」、「台開案」、「國務機要費弊案」等多起貪腐醜聞，國民黨與親民黨等「在野黨」展開體制內制衡，無奈陳水扁拒絕認錯，還指使民進黨竭力為其開脫。但隨著陳水扁家族貪腐劣跡不斷曝光，綠營內部開始有人擔心陳水扁的貪腐行徑將傷及民進黨自身形象與未來執政前景。

2006年8月9日，前民進黨主席施明德發表公開信，要求陳水扁「勇敢認錯，鞠躬下台」，並強調陳水扁在位一天，民進黨就沒有明天，不要走到「官逼民反」這條路。10日，施明德發起「百萬人民倒扁行動」，號召百萬人每人捐100元作為「倒扁」經費，一旦捐款人數達到百萬，就發動民眾在「總統府」前靜坐，不達到陳水扁下台的目的決不休止。截止到8月25日捐款帳戶正式關閉，共收到民眾捐獻的「倒扁」經費1.11億元，「倒扁運動」已箭在弦上。由於本次運動以紅色為象徵，故被稱為紅衫軍「倒扁運動」。

4.1.3.2 紅衫軍「倒扁運動」與國、民兩大黨的關係

施明德領導的「倒扁運動」是台灣社會運動型第三勢力的巔峰之作，它秉持「與政黨切割」、「超越藍綠」的立場，表現出較強的主體性與獨立性，不但對執政黨的統治地位造成嚴重衝擊，也對主要「在野黨」的行動造成較大影響。

(1) 與民進黨基本呈對立關係，但獲得部分綠營選民的支持

紅衫軍「倒扁運動」的矛頭對準陳水扁，陳水扁則極力拖住民進黨為其背書脫困，這自然使紅衫軍在「倒扁」的同時也反對與陳水扁綁在一條船上的民進黨。民進黨內當權派許多不改「挺扁」立場，視「倒扁運動」為民進黨敵人，並對施明德展開圍剿，攻擊施是「垂死政客」、「不瞭解民進黨的核心價值」，「倒扁」只會引起社會動盪。黨主席游錫堃稱要支持陳水扁到底，「用道德檢視陳水扁是人治，是封建思想」。[7]

隨著扁家弊案不斷被揭露，民怨日漸升高，民進黨內對陳水扁的態度也開始兩極化，蘇貞昌等擔心繼續「挺扁」將使自己也貼上貪腐的標籤，等於自毀前程，因此希望與陳水扁切割，許多民進黨元老級人物及中生代干將、普通黨員也因不滿陳水扁貪腐劣跡而加入「倒扁」隊伍。

(2) 與國民黨保持距離，選擇性合作

國民黨在這場運動中刻意退居二線，以防「倒扁運動」被民進黨扭曲為藍綠對決。儘管「倒扁運動」不斷強調「超越藍綠的信念」，與「在野黨」「僅存理念上的認同與支持」，但施明德等領導人亦表示，「不會接受馬英九『主席』與宋楚瑜『主席』的捐款，但歡迎『馬先生』與『宋先生』以個人名義捐款，並強調馬宋兩人一定要捐，否則就是違背他們的理念」，[8]因此國民黨與「倒扁運動」之間的互動關係較為微妙複雜。運動初期，國民黨認為「無論是施明德或民主行動聯盟，都有其社會運動的自主性與純粹性，國民黨應審慎應對，不宜貿然加入，以免為倒扁運動加入藍綠對抗的色彩」。[9]國民黨主席馬英九表示，國民黨對施明德的「倒扁」行動樂觀其成，會響應但不會主導，以避免綠營扭曲為政治鬥爭。[10]但面對「倒扁運動」如火如荼的發展態勢，國民黨評估若完全置身於事外，可能會得罪「倒扁運動」的主力——廣大中間理性選民及泛藍支持者，因而國民黨也開始轉變態度與其合作，馬英九不但上台帶領民眾高喊「陳水扁下台」口號，還自掏腰包為靜坐民眾購買早餐。[11]國民黨甚至在一定程度上還要受制於「倒扁總部」的行動策略，履行「倒扁總部」的請求。[12]

4.1.3.3 紅衫軍「倒扁運動」的影響

一是運動成為國、民兩大黨實力消長的分水嶺。運動雖未實現將陳水扁趕下台的目標，但客觀上造成陳水扁名聲掃地、民進黨支持度大幅下滑，為2008年政黨輪替奠定了基礎。

二是運動雖聲勢浩大，但難以從根本上動搖台灣藍綠二元對立的選民結構。施明德在領導這場運動的過程中，極力避免被貼上政黨標籤與藍綠色彩，希望以全民運動的方式在台灣藍綠對立結構中打開缺口。但事實證明，儘管運動的參與者橫跨藍綠陣營，但只是對民進黨的外圍支持者有所撼動，走上街頭支持「倒扁」的民眾中，仍以泛藍民眾所占比例最大。運動過後，藍綠選民的政黨認同幾乎沒有發生大的轉變。在2006年底舉行的北高「直轄市長」選舉中，謝長廷代表民進黨在藍營大票倉台北市參選，在背負執政政績不佳及貪腐醜聞包袱的情況下，仍拿到41%左右的選票，較上屆參選的民進黨候選人李應元增加6個百分點，國民黨高雄市候選人黃俊英苦戰之後仍敗於民進黨的陳菊。

三是社會運動型第三勢力具有階段性、議題單一的特徵，將其轉型為常態化的政黨型第三勢力難度較大。這場運動從組織體系到議題設定等多方面都堪稱經典，但運動在經歷兩個多月的高峰期之後，所累積的能量釋放殆盡。在議題上，施明德試圖建構反貪腐與公民運動及民主政治之間的連接，以延續運動的生命力，但收效甚微。在社會運動難以為繼的情況下，也有「倒扁運動」的參與者希望利用這股力量籌組新的政黨，但響應者寥寥，最終成立的紅黨影響力也極為有限。

四是運動促使民進黨再次向深綠基本盤靠攏。運動進一步揭露了民進黨「清廉、本土」招牌的虛偽性，黨內許多堅持原有理想和道德的人士紛紛退黨，也直接增加了淺綠選民的失望情緒。為鞏固政權，民進黨再次加緊向深綠選民靠攏，這又導致同屬泛綠版塊的台聯黨生存空間遭到壓縮。

4.2 非政黨、非運動型的第三勢力

社會運動型第三勢力之外的非政黨型第三勢力主要包括無黨籍人士及其結成的團體，脫黨參選者以及若干種第三勢力聯合而成的混合型第三勢力。

4.2.1 無黨籍人士及其團體概況

根據前文定義，所謂「無黨籍人士」是指以參與選舉和權力分配為目標，但標榜中立，為吸引中間選民的支持或其他某些原因，選擇不加入政黨的政治人物。這些政治人物在一定條件下也會聯合成立團體以壯大實力、發揮更大影響力。在台灣「中央」層級的政治運作中，無黨籍人士因沒有政黨支持，力量弱小，一般不參加「總統」這樣高層級的競選，因此主要在「立法委員」選舉中出現。

4.2.1.1 當前活躍在立法院的代表人物

當前台灣政壇標榜「無黨籍」的政治團體主要有無黨團結聯盟，雖然該團體於2004年6月注冊成為正式政黨，並於同年9月成立了立法院黨團，但由於「無盟」一直標榜其無黨派色彩，其主要人物在注冊成立政黨前，也曾長期以無黨籍身份活躍於政壇，因此也常被視作無黨籍團體，其重要人物包括：顏清標、高金素梅、林炳坤等。2012年立委選舉中，新當選的連江縣立委陳雪生為無黨籍。

顏清標。1960年生，綽號「冬瓜標」，台中市沙鹿區人，私立神州高中畢業，台中黑派重要代表人物，大甲鎮瀾宮董事長，無黨團結聯盟總召。1994年進入台中縣議會並歷任議員、議長，2002年當選第五屆立委，並一直高票連任四屆至今。顏清標為人海派、交友廣闊，成為各界都能親近的政治人物，但也因其複雜的派系背景而極具爭議性，選民評價褒貶不一。

高金素梅。1965年生，台中縣人，泰雅族，原為藝人，涉足歌壇與影視圈，1998年退出演藝圈後投身政治事業，從2001年起以無黨籍身份連續當選山地原住民立委。

陳雪生。1952年生，福建省連江縣人，曾於2001年至2009年擔任連江縣長，原為國民黨籍，後因支持宋楚瑜而被開除出黨，2008年又退出親民黨。2012年立委選舉，陳雪生以無黨籍身份在連江縣參選並以100多票的微弱優勢擊敗國民黨提名的曹爾忠，成為立法院唯一無黨籍立委。[13]

此外，「無盟」主席林炳坤自2002年脫離國民黨後，一直以無黨籍身份縱橫澎湖政壇，長期擔任澎湖縣立委，但在2012第八屆立委選舉中敗於民進黨候選人楊曜。

4.2.1.2 與國、民兩大黨的關係

從無黨籍人士在立法院的表現來看，其投票基本傾藍，但在某些情況下也會基於政治利益而站在國民黨的對立面，客觀上成了民進黨的同盟軍。

無黨籍人士多與國民黨有一定的歷史淵源，彼此結為政治同盟，國民黨在選舉、施政與政治資源分配中對其適度禮讓，無黨籍人士則發揮國民黨友軍作用。在2012年第八屆立委選舉中，儘管國民黨內部在優勢選區搶破頭，但國民黨中央仍將台中市第二選區、澎湖縣及山地原住民候選人禮讓無黨籍的顏清標、林炳坤及高金素梅三人，馬英九也親赴台中、澎湖為顏、林二人輔選。而無黨籍立委也「知恩圖報」，力挺馬英九連任，顏清標在立法院還經常為王金平護駕，以防綠營挑釁，林炳坤也在國民黨候選人競選澎湖縣長時鼎力相助。[114]

但無黨籍人士與國民黨的聯盟關係也非鐵板一塊，某些情況下會與國民黨唱反調。2011年4月，國、民兩大黨為解決2006年因馬英九「特別費案」而引發的兩黨互告許多現任及卸任政務官涉嫌「特別費」使用違法，決定修改「會計法」來為首長使用特別費「除罪」提供法源依據。但在進入最後三讀表決階段時，無黨團結聯盟突然發難，要求將除罪適用對象擴大至地方機關。其原因在於，「無盟」總召顏清標過去在台中縣議會任內，曾因違法支用議事業務費「公款喝花酒」，而被法院判處有期徒刑4年6個月，若特別費除罪修法範圍擴及地方機關，顏清標就可脫困解套。[115]但此舉卻讓其盟友國民黨陷入兩難，國民黨若讓步必將招致輿論撻伐，更違背馬英九的清廉訴求，但國民黨也不願得罪顏清標等地方實力派。此外，民進黨在第八屆立委選後，為擴大在立法院制衡國民黨的能力，也見縫插針、多次向無黨團結聯盟及無黨籍人士伸出橄欖枝，邀請共組「在野監督聯盟」。[116]在外部環境變化與民進黨吸引下，亦不排除其與民進黨展開策略性合作。

4.2.2 脫黨參選者概況

所謂「脫黨參選者」是指無黨籍人士中的一批政治人物，他們原屬某政黨，後因某些原因而失去黨籍，在未獲原政黨提名的情況下要求參選。脫黨參選者雖以個體為單位，但其背後一般都有組織化的競選班底及一定規模的支持者。脫黨參選者衝擊兩大黨競爭格局的典型事例有三，一是2000年宋楚瑜參選「總統」，二是2010年楊秋興競選高雄市長，三是2012年陳致中投入高雄市第六選區立委選舉，這三起

事件層級不同，造成的影響與結果也各有特點。2000年宋楚瑜參選是層級最高、影響力最大的事件，宋最終將國民黨拉下馬，但自身距當選仍有一步之遙，反而使民進黨漁翁得利。2010年「五都」選舉中的楊秋興雖脫黨參選，但被本陣營選民棄保，最終仍由民進黨候選人陳菊高票當選。2012年第八屆立委選舉中，遭民進黨開除黨籍的陳致中執意在高雄市第六選區參選，對同屬泛綠陣營的民進黨候選人郭玫成選情造成重大衝擊，導致郭在綠大於藍的優勢選區敗給了國民黨候選人林國正，陳致中反而成了國民黨的「最佳助選員」。

4.2.2.1 脫黨參選者掀起的最大波瀾——宋楚瑜2000年參選

（1）宋楚瑜脫黨參選的背景

宋楚瑜是蔣經國當年大力培養的政治精英，蔣經國去世後轉而追隨李登輝，並在李登輝接掌國民黨大權的過程中立下了「汗馬功勞」，李登輝也對其予以回報，推薦宋於1993年擔任台灣省主席，雙方的關係在外界看來似乎「情同父子」。

1996年首次「總統」直選中，李登輝挑選連戰為「副總統」候選人，初步透露了由連戰接班的意向。此後，李登輝開始加緊「後李時代」的路線及黨內接班人選佈局，期望建立自己的歷史定位。宋楚瑜則利用省長手中的行政資源，透過自身勤走基層的方式樹立起勤政愛民的形象，在台灣政治影響力迅速攀升。宋楚瑜「功高蓋主」的作風和自身強烈的企圖心，開始引起李登輝忌憚，李擔心宋楚瑜「可放難收」，不如連戰放心，輿論也認為，「宋的最大致命傷是其強烈的不穩定性，夾雜著充沛的政治勢力，令國民黨患了『恐宋症』」。[17]為削弱宋的實力，李登輝利用民進黨等「台獨」勢力的「廢省」主張，在1996年召開的「國發會」上與民進黨聯手達成「凍省」協議，停止省長及省議員的選舉，使宋楚瑜成為「末代省長」。宋楚瑜內心對角逐2000年「總統」選舉充滿期待，因此對李登輝拆毀自己省長政治舞台的做法進行了抵制，李宋關係迅速惡化。1996年底，宋向國民黨高層遞交辭呈，在堅辭不準後，宋以「請辭待命」的方式做完了剩下任期，在這兩年中，宋楚瑜延續「全省走透透」的作風，繼續為將來參選累積人脈資源。1998年底，卸任省長的宋楚瑜與李登輝及國民黨高層之間的關係處於破裂邊緣，「連宋配」參選也告破局。1999年，在評估自身擁有超過國、民兩大黨候選人的超高人氣後，宋決定以獨立參選人身份參加「大選」。

（2）宋楚瑜脫黨參選仍能掀起巨浪的原因

宋楚瑜在脫黨參選後仍拿下466萬票、38%的高得票率,並超過國民黨候選人連戰170多萬票,在兩大黨夾殺下幾乎問鼎「總統」成功,其主要原因在於:

首先,較高的民意支持率是宋的最大資本。宋楚瑜利用省長任內的行政資源,在地方廣植人脈,從縣市長到村里長乃至普通百姓,很多人對宋都感恩圖報,宋不但在國民黨內有一批支持者,就連許多民進黨籍縣市首長與宋也關係匪淺。宋卸任省長後,其民意支持度依然不減,並始終高於國民黨的連戰與民進黨的陳水扁。1999年11月,宋出人意料地宣布由長庚大學校長、曾為陳水扁重要幕僚的高雄籍人士張昭雄擔任自己副手,此舉從多方面對宋都有補強,使宋的支持度由原來的30%進一步上升至35%,繼續保持對國、民兩黨候選人的領先態勢,這成為促使宋最終下決心單獨參選的重要原因。

二是現行「總統」選制下,個人形象與能力是宋贏得選民認同的關鍵因素。台灣「總統」選製為單輪相對多數決制,只要有一候選人以相對多數選票勝出,即可當選,不設最低當選門檻,因而無需進行二輪投票。這種選制設計對於沒有政黨奧援的脫黨參選者而言,增加了其憑藉個人魅力小幅勝出的機會。而宋楚瑜親民勤政的能人形象當時深入人心,擁有跨省籍、跨地域、跨黨派的高支持度,從而使相當一部分選民對宋個人的支持超過了對政黨的認同度。

三是兩大黨候選人都有弱點。國民黨候選人連戰受到貴族形象、政商背景及國民黨執政包袱的影響,民意支持度始終在低位徘徊,而選民的「李登輝情結」也已淡化,雖然李登輝不遺餘力地為連戰輔選,卻很難拉抬國民黨的氣勢。民進黨當時成立僅14年,民眾對其執政的能力與經驗也有疑問,尤其是陳水扁長期堅持「台獨」路線,在兩岸問題上的立場嚇跑了許多中間選民。

(3) 宋楚瑜高票落選的原因

宋楚瑜雖將國民黨「拉下馬」,但卻讓民進黨利用國民黨分裂以微弱優勢勝出,宋最終落敗,造成宋楚瑜高票落選的主要原因有:

一是缺乏政黨支持。脫黨參選者的最大弱點就是缺乏政黨支持,宋楚瑜因為沒有政黨支持和龐大的行政資源,雖然民調「支持度」高於連戰與陳水扁,但「看好度」始終不及連、陳。1999年7月,國民黨在宋楚瑜民調支持度仍高居第一、連戰選情低迷的情況下,試圖再與宋楚瑜商討「連宋配」的可能性,但被宋拒絕,雙方關係進一步破裂。8月,國民黨正式透過連戰、蕭萬長為2000年「大選」正副「總統」

候選人，國民黨開始利用龐大的政黨資源出手打宋。李登輝更多次公開指責宋楚瑜，甚至不惜讓連戰與宋楚瑜同歸於盡也要阻宋當選，使宋疲於應付來自國民黨的攻擊，形象受到極大傷害。1999年12月，國民黨又對宋楚瑜發動致命一擊，指使黨籍立委楊吉雄揭發宋楚瑜兒子宋鎮遠在「中興票券」帳戶上有1.4億新台幣來歷不明，由此引發「興票案」風波，宋的道德形象遭受重擊。在整個競選過程中，國民黨利用黨政資源強力打宋，宋楚瑜只能依靠個人及團隊力量勉強應對，雙方在政黨資源上的懸殊差距成為宋支持度不斷下滑，最終讓民進黨漁翁得利的重要原因。

二是宋楚瑜與國民黨票源重疊，拓展選票的空間有限。由於連、宋爭奪的選民基礎相近，票源重疊度較高，這就造成雙方此消彼長的零和競爭關係。宋楚瑜的支持者多來自國民黨，其中既有鐵桿的「宋迷」，也有「連皮宋骨」的隱性支持者，還有一些見風使舵的觀望派，這使得很多支持者在宋楚瑜聲勢高漲時支持宋，一旦形勢有變或受到國民黨強大壓力，就可能回流國民黨。國民黨在宋楚瑜脫黨參選大勢已定的情況下，先後開除了宋楚瑜及十幾位擁宋立委及縣市議員的黨籍，並利用「興票案」重傷宋楚瑜，壓縮了宋的得票空間，而宋標榜建立「超黨派全民政府」的主張在面對「選黨不選人」、意識形態濃重的綠營選民時，挖票效果也非常有限。

4.2.2.2 脫黨參選者的出路——以綠營楊秋興為例

宋楚瑜脫黨參選分裂藍營選票，而當楊秋興脫離民進黨參選時，綠營選民卻如鐵板一塊，楊秋興的得票更多來自於國民黨陣營及中間選民。

（1）楊秋興脫黨參選的緣由

一是「僧多粥少」，楊秋興對黨內提名結果不滿。台灣「五都」改制案確定後，南部重鎮高雄市與高雄縣合併為新的大高雄市，而當時的高雄縣市首長分別為民進黨籍的楊秋興與陳菊，二人對爭取合併後的大高雄市長都有強烈企圖心，並早已開始緊鑼密鼓的競選準備工作。由於大高雄地區為民進黨的傳統優勢選區，因此黨內初選誰能出線幾乎就可篤定當選，楊秋興與陳菊均視對方為最大對手，這也讓5月開始的黨內初選幾乎演變為「秋菊大戰」，殺得「刀刀見骨」。楊秋興方面稱，楊到高雄市展開競選活動，陳菊陣營或設卡，或定規，或監視；陳菊陣營則指責楊秋興方面在報章發文批評陳菊團隊幕僚操守問題多，還影射陳菊「無情無義」，此前互稱「情同姐弟」的民進黨南部兩大諸侯，爭奪候選人席次而「撕破臉」，互相

攻擊且出手極重。楊在初選落敗後，雖曾宣布「配合陳菊陣營選舉需要」，但很快又指責陳菊陣營「態度高傲，仍不斷透過媒體、派系放話中傷楊秋興」，並稱餘政憲的高雄縣黑派向陳菊施壓，「若接納楊秋興就退出輔選行列」。楊秋興對外訴苦稱「一路被踹」，只好做出脫黨參選的決定。

二是「背水一戰」，延續政治生命。儘管楊秋興在高雄縣施政滿意度較高，還被評為「五星級縣市長」，但他在民進黨內的地位卻不及陳菊，黨中央也未對其卸任後的出路做出讓楊滿意的安排。若楊就此放棄參選大高雄市長，很可能立即失去政治舞台，那些多年來跟隨他打拚的「子弟兵」也會因無法提供出路而「樹倒猢猻散」，楊只能在漫長的政治「空窗期」內等待，損耗自己辛苦累積的政治資源，未來謀求再起將更加困難。權衡利弊後，楊決心背水一戰，拓展政治空間，延續政治生命。

三是楊秋興自身有一定實力。楊秋興兩屆縣長任內培植了一批支持者，在原高雄縣累積了一定的實力，同時大高雄「挺藍」民眾很多對黃昭順不甚滿意，在不想「含淚投票」的情況下，可能轉而支持楊秋興。據TVBS在7月底所做的民調，若陳菊與黃昭順對戰，陳菊以59%大幅領先黃昭順的25%，一旦楊興秋以無黨籍身份投入選戰，陳菊和黃昭順都會受到影響，陳菊的支持度下滑到43%，楊秋興的支持度為26%，黃昭順下跌至16%，另外有15%的人未決定支持誰。其中支持陳菊的人中有24%轉向支持楊秋興，黃昭順支持者中有31%也流向楊秋興，而尚未決定的選民中也有27%表態支持楊秋興。這表明楊秋興不僅能從綠營拿到選票，也可贏得「挺藍」支持者的選票，加之高雄縣地區對民調的不表態率較高，挺楊的隱性選民應該更多。如果最後階段選情緊繃，藍營態度一旦鬆動，不排除更多挺藍支持者轉而支持楊。

表20：「五都」選舉高雄市國、民兩黨及脫黨參選候選人得票情況

候選人	楊秋興	黃昭順	陳菊
黨籍	脫黨參選	國民黨	民進黨
得票率	26.68%	20.52%	52.8%
得票數	414950	319171	821089

（2）脫黨參選者的影響與出路

楊秋興脫黨參選但以較大差距敗於陳菊，再次證明民進黨「退黨魔咒」的作用——民進黨政治人物若黨內初選落敗，選擇退黨自行參選，鮮有成功的機會。造成

這種狀況的原因在於，民進黨的政治文化認為，若不能成為黨正式提名的候選人，脫黨參選就形同失去參選的正當性。許信良雖曾貴為黨主席，但在與陳水扁競爭「總統」候選人失敗後脫黨參選，立即遭到泛綠選民的棄保。楊秋興在沒有政黨背書以及兩黨對決的環境下參選，其出線機會也極為渺茫。

楊秋興背水一戰落敗後，按照民進黨的政治傳統，將被綠營選民視為「叛將」，未來若想在民進黨內重新崛起較為困難。楊秋興的做法是，依靠手中所掌握的政治資本，遊走於兩大黨之間，待價而沽，重新結盟。楊秋興選後表示，不加入政黨的心意未變，未來堅持走中道路線，對於任何政黨、任何人要見面、合作都很歡迎。而「五都」選後，無論是積極準備競選連任的國民黨，還是暗自備戰的親民黨，都積極與楊秋興接觸，希望得到楊的支持。儘管宋楚瑜曾在高雄市長選舉中親自為楊站台，但在面臨2012「大選」「挺馬」還是「挺宋」的抉擇時，楊秋興身上第三勢力的特點使其在權衡利弊後，決定支持馬英九。而馬英九勝選後，也對楊秋興加以回報，任命楊出任「政務委員」，且有輿論認為馬將透過厚植楊秋興的實力，不排除未來派其替國民黨收復大高雄。楊秋興脫黨參選，雖然丟掉了民進黨黨籍，也輸掉了市長選舉，但他又重新為自己找到了新的政治舞台。

4.2.2.3 脫黨拉走深綠票——以陳致中為例

（1）陳致中參選的緣由

陳水扁深陷貪腐弊案面臨牢獄之災，重挫了「台獨基本教義派」的聲勢，為延續政治生命、尋求殘喘之機，陳水扁授意「挺扁」政治力量利用2010年底「五都」選舉時機，助其子陳致中組建「一邊一國連線」並參選首屆大高雄市議員。在深綠「挺扁」勢力支持下，陳致中以全市最高票風光當選，但選後不久陳致中就因涉偽證罪判決定讞而喪失議員資格。為延續扁家政治香火，防止民進黨徹底與扁切割，陳致中不顧民進黨已完成提名佈局，執意在高雄市第九選區參選立委，最終使民進黨在該選區因內部分裂落敗，而國民黨候選人幸運當選。

（2）陳致中脫黨參選過程中與國、民兩大黨的互動關係

一是陳致中成為民進黨在該選區連任的最大威脅。陳致中在市議員選舉中拿下32000多票的全高雄最高票，而民進黨候選人郭玟成上屆立委選舉在此也僅小贏國民黨的林國正8000餘票，因此一旦民進黨支持者之間的棄保效應未能全面發酵，最終民進黨將因分裂而敗選。因此，對民進黨在該選區的選情而言，同屬泛綠陣營的陳

致中脫黨參選後造成的威脅甚至某種程度上要遠大於國民黨。陳致中參選之初，民進黨內部就深表憂慮，蔡英文與陳致中進行溝通，希望其保持冷靜，郭玟成更疾呼陳致中不要做「親痛仇快」的事情，綠營經不起分裂。高雄市長陳菊也對陳致中參選「深表遺憾」。經數次協調無果後，民進黨內部對陳致中參選的焦慮感進一步加重，蔡英文特意利用造訪陳水扁母親的機會，向扁家喊話，要求以大局為重；支持民進黨的一些台灣本土社團甚至發表聲明強調，2012「大選」蔡英文勝選是民進黨選戰的最高指導原則，陳參選不利蔡的選情。

儘管陳致中參選議題發酵對民進黨在該區域的立委選情乃至蔡英文選情的負面效應漸增，但民進黨又有所忌憚而無法勸退陳致中。若強批，恐得罪「挺扁」勢力，不利凝聚深綠基本盤；若放任陳致中參選，又可能影響蔡吸引中間選民；即使由民進黨與陳致中展開協調，也勢必牽扯內部政治利益的交換分配問題，處理不當還會引發黨內其他派系的不滿與反彈。

表21：陳致中在高雄市議員選舉中的得票情況

地區	姓名	號次	得票數	得票率
高雄第十選區前鎮區	陳致中	13	19935	18.07%
高雄第十選區小港區	陳致中	13	13012	15.24%

表22：高雄市第五選區第七屆立委選舉得票情況

地區	姓名	得票數	得票率
高雄第五選區前鎮區	林國正	33962	45.38%
高雄第五選區小港區	林國正	28518	46.8%
高雄第五選區前鎮區	郭玟成	39323	52.55%
高雄第五選區小港區	郭玟成	31253	51.28%

表23：高雄市第九選區（原第五選區）第八屆立委選舉得票情況

號次	姓名	得票數	得票率%
1	陳致中	48941	26.63%
2	蔡媽福	2779	1.51%
3	郭玟成	59258	32.25%
4	林國正	70600	38.42%
5	林杰正	2142	1.16%

二是陳致中參選客觀上對國民黨有利。對國民黨而言，陳致中參選自然是一大利好消息。林國正若與郭玫成一對一比拚，受基本盤「藍小綠大」的結構性因素制約，林國正當選難度較高。而陳致中半路殺出後，打破了該選區強弱分明的格局，使該選區綠6：藍4轉為藍4：綠3：綠3，國民黨獲勝幾率大為增加。國民黨對選情逆轉自然喜在心頭，但為防止民進黨以此作為逼退陳致中的理由，因而也表現得較為低調，林國正始終深耕基層，暗中用力。最終，林國正靠著綠營內部分裂，以38%的得票率贏得選舉，而郭玫成與陳致中的得票率分別為32%與27%，民進黨因泛綠內訌而在優勢選區落敗。

4.2.3 混合型第三勢力概況

所謂「混合型第三勢力」是指多種第三勢力的聯合體，它們為求壯大聲勢、在兩大黨之間發揮更大作用而采聯合的方式參與政治。在台灣2012「大選」中，其典型代表以及同兩大黨的互動關係如下。

4.2.3.1 李敖聯合其他第三勢力及與兩大黨的互動

無黨籍人士李敖一生中多次與不同政黨或政治團體結盟並參與政治，其始終游離於國、民兩大黨之間，以自身力量並聯合其他政治團體發揮了第三勢力的作用。

早在2000年「總統」選舉，無黨籍的李敖就接受新黨邀請，與馮滬祥搭檔代表新黨參選「總統」，但在選舉最後階段，李敖又公開號召支持者投票支持宋楚瑜。2004年，李敖以無黨籍身份參選立委並當選。2011年底，無黨籍的李敖又在親民黨邀請下，決定在馬英九戶籍地、台北市第八選區參加立委選舉，挑戰國民黨候選人賴世葆。

李敖或獨立、或聯合參與政治的過程中，其基本上「左批國民黨、右打民進黨」。在2004—2008年立委任內，李敖常對國民黨提出犀利批評，不但堅決反對民進黨提出的價值6108億新台幣對美軍購案，而且在國民黨反對態度因美方壓力而軟化時，仍堅持與親民黨合作以推遲軍購案。本次選舉李敖最終獲得近1萬名選民青睞，得票率約5%，排名第三，還高於宋楚瑜在此地得票率。

李敖支持兩岸統一、贊成「一國兩制」的態度與民進黨水火不容，因而在立法院多次與藍營合作杯葛民進黨當局議案。但在2012年立委選舉中，民進黨原本放棄在台北市第八選區提名候選人，但當李敖應親民黨之邀出馬挑戰國民黨的賴世葆

後，民進黨認為第三勢力參選可能造成藍營票源分散，因而又見縫插針，緊急提名民進黨籍市議員阮昭雄參選，希望坐收漁翁之利。

4.2.3.2 胡鎮埔脫黨參選並與其他第三勢力聯合

2011年9月，前台「陸軍總司令」、「退輔會主委」胡鎮埔宣布脫黨參選桃園縣第六選區立委。施明德主導的「我心未死」運動也表態支持胡鎮埔以無黨籍身份參選立委，而據地方人士觀察，「胡的競選團隊中，一半是親民黨體系，另一半是反對孫大千（該選區國民黨候選人）的國民黨人」[118]。

桃園縣第六選區是眷村大本營，藍綠支持度約6：4，且國民黨候選人孫大千實力強勁，民進黨決定放棄提名。外界認為胡鎮埔明知不可以而為之的主要原因，是其日前因涉嫌貪汙而被一審判處10年重刑，胡欲透過當選立委而逃避司法官司。[119] 胡鎮埔則表示，「今天的政黨競爭完全不尊重專業，只有政黨利害，所以我要用無黨籍出來選」。對於胡鎮埔參選，民進黨不顧其曾為國民黨「忠貞黨員」的身份，表示將循苗栗的「康世儒模式」暗助胡鎮埔，號召反孫大千的勢力都來支持胡，蔡英文也親自為胡鎮埔站台輔選，拜託選民「挺胡」。對於來自綠營的支持，胡本人則表示不會接受民進黨金錢上的資助，但歡迎各黨派投票支持他。最終胡因實力不濟、未能撼動國民黨基本盤而失敗。

紅衫軍「倒扁運動」領導人施明德除表態支持胡鎮埔外，還聯合其他第三勢力組建聯盟參與本次選舉。2012年12月，施明德發起的「我心未死」運動、紅黨以及「風綠電聯盟」宣布成立「台灣國民會議」，並公佈自己的立委候選人名單。施明德提出，政黨票可以分裂投票，稱只要獲得5%的支持，台灣就會誕生一個「進步、乾淨、大和解」的新政黨。雖然從本次選舉結果來看，許多第三勢力最終都如曇花般一現，但其所代表的社會脈動仍值得高度關注。

小結

透過對政黨型第三勢力與非政黨型第三勢力的考察發現，在多數情況下，非政黨型第三勢力的實際影響力要遠遠超過政黨型第三勢力。

正如前文所述，在政黨政治產生以前，社會運動就是打破威權專制體制，開啟政治民主化進程的重要推動力量。而在現代民主社會，社會運動型第三勢力更可發

揮多重作用，它既可以在推動政治變革中發揮作用，也能促使朝野政治勢力規範自身言行，扮演「社會良心」的角色，亦能對主要政黨及未來政治走向產生重要影響。在台灣，「反核四」運動一度成為台灣政黨朝野攻防的重要議題，各黨在此問題上的表態也直接關係到選民基礎的消長。而紅衫軍「倒扁運動」更直接動搖了民進黨統治的正當性，對促成2008年二次政黨輪替有較大影響。

在非政黨非運動型第三勢力中，脫黨參選者所產生的影響力有時遠大於政黨型第三勢力。2000年「大選」宋楚瑜脫黨參選後，成為國民黨與民進黨兩大政黨最強有力的對手，雖然宋楚瑜最後落選，但其得票仍大幅領先國民黨，並直接導致台灣首次政黨輪替。然而，當宋楚瑜正式組黨之後，其影響力反不及作為非政黨型的時代，已難在「總統」選舉中再現輝煌。其原因亦為前文所述，一是由於親民黨的同質性政黨——國民黨實力回升，壓縮了親民黨的生存空間。二是宋楚瑜和親民黨實力與形象下降，吸票能力大幅下滑。

注　釋

[1]. 範碩鳴著：《民主化下台灣的社會運動外部策略研究》，台灣政治大學國家發展研究所碩士論文，2008年7月，第65頁。

[2]. 許維德著：《台灣社會運動的歷史考察》，何明修、林秀幸主編，《社會運動的年代：晚近二十年來的台灣行動主義》，群學出版有限公司，2011年2月，490—492頁。

[3]. 蕭新煌，顧忠華主編：《台灣社會運動再出發》，巨流圖書公司印行，2010年8月，第4頁。

[4].何明修、蕭新煌主編：《台灣全志·卷九·社會志社會運動篇》，「國史館台灣文獻館」，2006年12月，第222頁。

[5].蕭新煌、顧忠華主編：《台灣社會運動再出發》，巨流圖書公司印行，2010年8月，第49頁。

[6]. 範碩鳴著：《民主化下台灣的社會運動外部策略研究》，台灣政治大學國家發展研究所碩士論文，2008年7月，第113頁。

[7]. 冷波著：《施明德再掀倒扁風暴》，《台灣週刊》，2006年第31期。

[8].範碩鳴著：《民主化下台灣的社會運動外部策略研究》，台灣政治大學國家發展研究所碩士論文，2008年7月，第95頁。

[9].《國民黨研判倒扁之火將燎原》，《聯合報》，2006年8月12日。

[10].冷波著：《施明德再掀倒扁風暴》，《台灣週刊》，2006年第31期。

[11].王治國著，《反貪倒扁運動正式登場》，《台灣週刊》，2006年第35期。

[12].範碩鳴著：《民主化下台灣的社會運動外部策略研究》，台灣政治大學國家發展研究所碩士論文，2008年7月，第98頁。

[13].《連江/陳雪生翻盤中斷曹爾忠連霸路》，《聯合報》，2012年1月15日。

[14].《選戰/藍委提名禮讓高金素梅、顏清標、林炳坤》，《中央日報》，2011年5月25日。

[15].《特別費除罪化 顏清標1人擋下》，《聯合報》，2011年4月29日。

[16].《新國會4黨團 在野組監督聯盟》，《中國時報》，2012年1月16日。

[17].羊曉東：《宋楚瑜高人氣不容小覷》，《中國時報》，1998年12月14日。

[18]. 王文斌著：《綠營樂見胡鎮埔 伺機扳倒孫大千》，《新新聞》，第1285期，2011年10月20日—10月26日。

[19]. 台灣社會有一種說法認為，現任立委所涉官司一般都能無罪定讞。見王文斌，《綠營樂見胡鎮埔 伺機扳倒孫大千》，《新新聞》，第1285期，2011年10月20日—10月26日。

第5章 台灣第三勢力存在的必然性與侷限性

經過學理論證與實證分析,特別是透過2012年「總統」及立委選舉結果的最新檢驗可知,第三勢力的存在有其必然性,但受內外多種因素的影響,第三勢力的成長空間又具有明顯的侷限性,其在單席次、較高層級的選舉中幾無當選機會,僅在複數選區有出頭可能。若從價值功能角度思考,第三勢力具有實實在在的價值與作用,因此可繼續探尋發揮第三勢力作用的方式。

5.1 第三勢力的成長空間

1986年民進黨成立後,國民黨一黨獨大的格局被打破,第三勢力先以非政黨形態躍上政治舞台,1993年新黨誕生,又代表著政黨型第三勢力出現。從政黨型與非政黨型兩個角度來看,第三勢力均有其成長空間,但受結構性因素制約,其發展又具有侷限性。

(一)政黨型第三勢力的成長空間

新黨成立並一度在台灣政壇掀起「新黨風暴」,對國民黨形成了強大壓力,但其在快速成長過程中,因未能妥善處理好內部矛盾而走向分裂,實力大幅下滑。正當有人因新黨衰落而不看好政黨型第三勢力的前景時,國民黨因宋楚瑜脫黨參選引發內部重大分裂,實力嚴重受損,2000年「大選」敗給了成立不久的民進黨。首次政黨輪替的發生,打破了台灣舊有的政黨格局,國民黨一夕之間淪為「在野黨」,但民進黨又無法全部占據國民黨退出的政治地盤與選民空間,同時民進黨在向執政黨角色轉變的過程中,也面臨來自深綠基本盤與中間選民的雙重壓力,台灣一時間出現大量政治真空地帶,又為第三勢力成長提供了新的空間。親民黨、台聯黨等第三勢力乘勢崛起,確立了台灣「2大+2小」的政黨格局。

2005年「修憲」後,立委選製出現較大幅度調整,由原來的複數選區制改為單一選區兩票制,席次數量從225席減少至113席,且區域立委部分,每個選區只產生一名立委。該選制對第三勢力的生存空間產生擠壓效應,2008年第七屆立委選舉中,親民黨、台聯黨、新黨等小黨的政黨票均掛零,親民黨、無黨團結聯盟及無黨

籍人士在國民黨禮讓下，才勉強拿下5席區域及原住民立委，很多人認為第三勢力已「吹響了熄燈號」，甚至斷言台灣政壇將再也見不到第三勢力的身影。

在一片不看好第三勢力發展前景的大氣候下，2011年宋楚瑜拋出親民黨「大選」決不缺席的話題之初，並未引起各方足夠重視，很多人甚至諷刺宋選「總統」是「政治小醜」的行為，純粹是虛張聲勢。直到宋楚瑜連署達到法定門檻並正式登記參選後，仍有人認為宋是在「選假的」，最終必然退選。但隨著國、民兩黨選情持續陷入膠著，馬英九與蔡英文的民調始終無法拉開10個百分點以上的差距，而宋楚瑜參選的話題則不斷被熱炒，其民意支持度長期維持在10%上下，這也意味著宋的舉動可能成為影響最終結果的關鍵變量，宋楚瑜事實上已成為國、民兩大黨候選人心目中真正的「關鍵少數」。對選民而言，儘管多數人最後不會將選票投給宋楚瑜，但宋參選為本次選舉增加了新的懸念與看點，也成為眾多選民關注的焦點。

雖然宋楚瑜最終只有2.8%的得票率而僅停留於「選民心中的第三勢力」，並未拿下此前預想的50萬—100萬票，但宋領軍的親民黨在立委選舉中卻有超過5%、約72萬以上的政黨票，若再加上台聯黨的8.96%、約117萬票，以及其他小黨的約6%、84萬票，總共就有超過20%、270萬票以上的實力，這股力量足以證明第三勢力具備長期存在的實力。

（二）非政黨型第三勢力的成長空間

2000年以前，社會運動型第三勢力在推動政治民主化及政黨輪替過程中發揮了重要作用，並在與兩大黨的互動中面臨是徹底投入民進黨陣營，還是重建自身主體性的選擇。在民進黨四年執政期間，越來越多非政黨型第三勢力厭惡了藍綠惡鬥，逐漸放棄了對兩大黨的幻想，提出選民不應只有非藍即綠兩種選擇。在2004年「大選」前，「泛紫聯盟」、「廢票聯盟」等標榜跳脫藍綠、照顧弱勢、追求理性中道路線的幾股第三勢力出現，對端正選風、影響選民投票傾向等發揮了一定作用。

當陳水扁在2004年「大選」中以微弱優勢連任後，為鞏固執政基礎，民進黨當局進一步擁抱深綠基本盤，不斷放棄對「清廉」招牌的堅持，陳水扁開始大肆利用手中的執政資源為其個人及親信謀取私利，這種風氣也在執政黨內部上行下效起來，最終導致一系列貪腐弊案在2005—2006年間集中曝光。這使得民進黨的支持度急轉直下，失去了大批中間及淺綠選民的信賴，而形象清新、以反貪腐為訴求的第三勢力的活動空間進一步擴大。尤其是施明德領導的紅衫軍「倒扁運動」，形成了

第 5 章　臺灣第三勢力存在的必然性與發展的侷限性

社會運動型第三勢力活動的新高潮。

（三）第三勢力成長空間的具體表現

台灣的選舉分為兩大部分，一是全台性的「總統」及立委選舉，二是地方層級的直轄市長、縣市首長及鄉鎮市長、里長等地方行政首長選舉（「五都」改制後市轄區長改為官派），以及相應的縣市議員等民意代表選舉。在上述各類選舉中，第三勢力都試圖參與其中發揮作用，但由於台灣特殊的藍綠二元對立結構，第三勢力在「總統」選舉中需要多種條件同時具備才可能發揮較大影響，而在立委選舉中則有更大的揮灑餘地。但由於立委選制改為單一選區兩票制，大幅壓縮了第三勢力在區域立委選舉中的勝選幾率，當然不分區立委的席次設定又為第三勢力提供了一定的生存空間。

台灣地方選舉中，「直轄市長」選舉層級最高，2010年底的首次「五都」選舉被視為「總統」選舉「前哨戰」，從候選人到選舉議題，都具有高度的藍綠對決氣氛，導致其他小黨候選人及獨立參選者難以在兩大黨各擁重兵、高度對抗下殺出重圍。在縣市地方行政首長及民意代表選舉中，由於選舉的層級較低，主要議題圍繞經濟民生等低層級、低對抗性話題展開，藍綠二元對立的色彩大幅褪去，選民更關心的是候選人特質、政見與其利益的契合度，第三勢力主打的某些單一議題在一些群體中可獲得認同。

一是「總統」選舉中第三勢力幾乎沒有獲勝機會。台灣「總統」選舉採取相對多數當選的選舉制度，從制度上就鼓勵兩組候選人的對決。另外，「總統」選舉層級最高，關乎台灣前途的統「獨」、族群、國家認同問題成為選舉中的重要議題，這就使得選民被迫在藍綠二元意識形態下選邊站，從而壓縮了選民有第三種選擇的空間。當然，2000年宋楚瑜以獨立候選人身份參選而功敗垂成，是第三勢力挑戰「總統」選舉最為成功的例子，但宋累積當年的能量需要具備主客觀多種條件才能實現，再行複製的難度較高。

二是區域立委當選幾率低。受立委選制改革及席次減半的影響，全台73個區域立委選區中，各選區只有一個當選名額，在僧多粥少的情況下，席次多為實力強勁的兩大黨獲得。在2012年區域立委選舉中，除國民黨禮讓的無黨團結聯盟候選人外，只有連江縣的無黨籍候選人陳雪生以及親民黨的原住民立委候選人林正二當選。

三是「五都」選舉第三勢力出頭無望。從2010年開始，台當局將「直轄市」的數量由原來的兩個增加到五個，這五大「直轄市」同時舉行市長選舉，因而也被稱為「五都」選舉。由於「五都」人口接近全台總人口的60%，且屬台灣的政治、經濟、文化核心地帶，因此這場選舉就具有特別重要的意義，也被兩大黨視為「總統」選舉前的預選賽。由於「五都」選舉也采單一席次下的相對多數當選制，國、民兩黨均集重兵參與爭奪，造成第三勢力當選機會極為渺茫。加之「五都」區長由過去的民選改為官派，又進一步壓縮了第三勢力在都會區參與基層選舉的機會。以「五都」選舉中脫黨參選的楊秋興為例，雖然其在高雄縣長任內的施政滿意度高居全台縣市長前列，並在高雄縣常年經營而積累了豐富的人脈，選前楊自稱獲得高雄「企業界、宗教界及年輕人的支持」。但在南台灣，尤其是「直轄市」等高層級選舉中，綠營選民多數情況下「選黨不選人」。因此民進黨提名的陳菊在楊秋興脫黨參選後，輕而易舉地營造出政黨對決的氛圍，迅速邊緣化楊秋興，使楊不但無法動搖陳菊故有的選民基礎，就連他在高雄縣原有的綠營支持者也倒戈至陳菊陣營，最終陳菊得票超過楊秋興與國民黨候選人黃昭順的票數之和。這場選舉表面上是陳菊戰勝楊秋興，背後則說明，裂解自綠營的第三勢力，很難再從本陣營帶走選民，若不重新轉換角色、調整政治色彩，其生存空間將會面臨嚴重危機。

　　四是基層縣市長選舉獲勝難度較大，但不排除個別地區存在當選機會。第三勢力在單一席次選舉中，常遭到兩大黨夾殺，因而當選幾率較低，但在縣市級行政首長選舉中，因藍綠二元對立的政治對抗性降低，選民主要根據候選人特質、政見及民生議題來選擇支持對象，在一定程度上降低了第三勢力當選的難度。以2009年底的縣市長選舉為例，國民黨選前宣布「不提名經一審判刑1年以上者」的排黑條款，而原本有意角逐花蓮縣長的國民黨立委傅崐萁就因有案在身而被黨中央要求不得參選。但傅崐萁不接受國民黨中央的決議，退黨自行參選，國民黨則提名原花蓮縣府參議杜麗華，同時國民黨籍的副縣長張志明也脫黨參選，並與民進黨結盟。在競選過程中，國民黨主席馬英九親赴花蓮為黨籍候選人杜麗華站台拉票，突顯杜麗華的「正藍」身份，並直指傅崐萁有案在身，不符合國民黨的廉能要求。傅崐萁則強調自己才是「真正的正藍，是深藍，2012 還會支持國民黨」。[11]最終，傅崐萁憑藉雄厚的地方實力以8.5萬票當選，國民黨提名的杜麗華僅得到3.8萬票，而另一名脫黨參選並獲民進黨支持的張志明得2.7萬票。[12]但總體而言，傅崐琪現象僅屬個案，17個

第 5 章　臺灣第三勢力存在的必然性與發展的侷限性

縣市長版圖基本仍被國、民兩大黨所占據。

而在采比例代表制的複數選區中，第三勢力的生存空間出現了較大變化。

一方面，第三勢力的生存空間較單席次相對多數當選制下明顯擴大。比例代表制的目的重在強調選舉的「比例代表性」，希望各政黨在立法院所擁有的席位比例，能夠儘量符合各政黨在選舉中得到的選票比例，不再出現「贏者通吃」的局面，從而確保小黨等第三勢力的生存。該選制有利於確保政見、意識形態、社會基礎等各不相同的政黨，都有機會在民意機構擁有一定席次，最大程度地反映多元民意，客觀上鼓勵了選民按照其本身意願進行投票，減少了策略性投票與棄保行為。此外，「直轄市」及縣市議員選舉也實行比例代表制，選舉議題更加關注民生，選民的選擇更加多元，為第三勢力當選提供了便利。

在2008年第七屆立委選舉前，台灣立委選製為「複數選區單計非讓渡投票制」，該選制確保了國、民兩黨之外小黨的生存空間。從席次上看，2001年立法院的225席中，兩大黨之外的第三勢力共占據70席，達總席次的31%。2005年有所降低，為57席，占總席次的25%。從第七屆立委選舉開始，台立委選制改為單一選區兩票制，這是一種混合型選制，其中區域立委部分為單一席次下的相對多數當選制，導致第三勢力在73個區域立委選區中難與兩大黨抗衡。但不分區立委仍采比例代表制，即以全台為一個大選區，依照比例代表制原則和各黨得票數，在得票率超過5%的政黨間分配不分區立委席次，該制度可確保政黨票得票率超過5%的小黨在立法院贏得議席。儘管2008年立委選舉中，國、民兩大黨之外的小黨，政黨票均未突破5%的最低門檻而一無所獲，僅在區域部分取得5席。但第三勢力在2012年第八屆立委選舉中又重整旗鼓，取得亮眼成績，本次選舉親民黨與台聯黨衝破5%的政黨票門檻，總得票率達到14.45%，並各取得3席立委席次，在立法院分別組成了親民黨黨團與台聯黨黨團，使立法院再次出現「2 大+2 小」的局面。除此之外的新黨、綠黨等7個小黨的總得票率也超過6%，這顯示國、民兩大黨之外的小黨擁有20.83%的政黨票，相當於獲得270多萬選民的支持，一旦這些小黨能夠將選票集中，那麼第三勢力將可發揮更強大的影響力。

表24：第八屆立委選舉小黨不分區得票情況

政黨名稱	「台聯黨」	親民黨	綠黨	新黨	其他參選的小黨合計
得票數（萬張）	117.88	72.2	22.95	19.59	41.59
得票率（%）	8.96	5.49	1.74	1.49	3.15

另一方面，第三勢力的生存空間很難全部轉化為當選席次。在上述20.83%的得票中，台聯黨與親民黨之外還有約6%的政黨票為其他多個參選政黨或團體所得，但無一單獨超過5%的最低得票門檻，因而無法轉換成有效席次。[13]而台聯黨與親民黨雖合計有約15%的政黨票，但兩黨立場各異，很難形成合力，也削弱了第三勢力的實際影響力。

（四）制約第三勢力發展的因素

第三勢力的成長空間有其侷限性，主要源於下列因素的制約：

1.外部環境限制了第三勢力的活動空間。對第三勢力影響最大的外部環境因素首先是國、民兩大黨以及藍綠對立的政治結構。國民黨作為百年老黨，擁有近百萬的龐大黨員群體，基層組織動員體系遍佈全台，黨的人財物資源與其他政黨相比仍首屈一指。民進黨雖較國民黨年輕，但利用黨禁開放初期出現的政治機遇期，迅速壯大力量，尤其在奪取政權後，黨員人數急劇擴張，並在各要害部門安插民進黨成員，大建基層黨部及外圍組織。反觀第三勢力，其有的脫胎於兩大黨內部，有的則歷經從無到有的艱難草創期，總體而言實力較為弱小，尤其缺乏紮實的基層組織，自身的政治經驗與調節修復能力也難與兩大黨相提並論。曾一度聲勢最為浩大的親民黨與台聯黨黨員人數合計也未能突破10萬，並處於持續萎縮中，目前僅能勉強維持中央黨部運轉，基層組織動員能力更無法與國、民兩黨相提並論。特別在台灣非藍即綠的二元結構下，第三勢力或主動或被動的在藍綠陣營間選邊，這使得第三勢力生存空間先天受限。從政治資源來看，兩大黨輪流取得行政大權，決定行政資源的分配方式，立法院基本由兩大黨獨占，第三勢力僅握有少量席次。雖然第三勢力幾欲打破兩大黨控制下的政黨版圖，但適合反對勢力迅速發展的黃金期早已不再，當年反對勢力攻擊國民黨獨裁專制的政治議題已被民進黨消耗殆盡，國民黨自身體質也得到較大改善，第三勢力欲循傳統方式壯大實力、搶占道德與政治制高點的難度較大。從第八屆立法院的席次比例來看，113席立委席次中，國、民兩大黨分別握有64席與40席，其他小黨及無黨籍人士共9席，按照立法院議事規則，議案透過的最低門檻為達到投票人數的1/2（投票人數亦有其最低限額）。也就是說，國民黨已達到單獨過半的門檻，而民進黨即使加上小黨的9席，也難以達到過半所需的57席，何況親民黨及無黨團結聯盟、無黨籍立委均為泛藍陣營成員，對國民黨有一定的依附性，而第三勢力更無單獨挑戰兩大黨的實力，所以第三勢力在立法院表決中很難發

揮實質性作用。

2.內部成分複雜、矛盾重重，整合難度大。第三勢力作為一個整體性概念被提出，但其內部山頭林立、主張各異，成為限制其發展的重要因素。雖然親民黨與新黨是政治光譜色彩相近的政黨型第三勢力，但因雙方選民基礎高度重合，導致親民黨誕生後大量蠶食新黨支持者，反成為新黨衰落的「禍首」。親民黨與台聯黨、新黨與台聯黨之間，由於在統「獨」、「國家認同」等問題上差異明顯，相互之間亦高度對立，合作的空間極為有限。而非政黨型第三勢力之間的整合亦非常困難，2004年「大選」前出現的「泛紫聯盟」、「廢票聯盟」以及「族群平等聯盟」雖表面上相互支援，但台面之下卻因路線之爭而互不服氣。「泛紫聯盟」領導人簡錫堦並不贊成投廢票，而「廢票聯盟」的發起者鄭村棋則指責簡錫堦是投機分子，不敢在最後的政治立場上表態，同時雙方又都質疑「族群平等聯盟」的「戰鬥力不足」。總之，第三勢力之間雖然深諳合作力量大的道理，但礙於主客觀條件限制，最終多選擇「兄弟登山，各自努力」，結果因勢單力薄、內耗不斷而被兩大黨各個擊破。

3.第三勢力的潛在選民基礎難以轉化為實際政治影響力。雖然第三勢力在各類型選舉中的總得票數已具一定規模，但其所發揮的政治影響力卻較為有限。首先，從選舉制度來看，在「總統」選舉中，相對多數投票制鼓勵贏者通吃，幾乎剝奪了兩大黨之外實力相對較弱的政治勢力獲勝的機會。在立委選舉中，區域立委采相對多數當選制，與原來可多席當選的比例代表制相比，第三勢力的生存空間再被壓縮。即使在複數選制的不分區立委選舉中，新修訂的「選罷法」規定，可以推薦不分區立委候選人的政黨須符合四個條件之一：一是最近一次「大選」得票率超過2%；二是最近三次不分區立委選舉的得票率曾達到2%以上；三是現有立委5人以上；四是該次選舉區域及原住民立委選舉推薦候選人達10人。再加上5%得票門檻與高額保證金的限制，讓許多缺錢少人的小黨被擋在立法院門外，甚至連最老牌的第三勢力——新黨也連續在兩屆立委選舉中未能突破5%的得票門檻。其次，從投票行為來看，雖然有一些選民內心支持第三勢力，但受策略性投票的影響，[4]在最後投票時選擇棄保，放棄第三勢力轉而支持其他政黨。第三，從階級基礎來看，中產階級鼓吹發展第三勢力最積極，但由於中產階級政治參與度較低，因此其對第三勢力的支持度轉化為選票的比例偏低，這種落差又使第三勢力「雷聲大雨點小」，選舉

中得票空間較為有限。

5.2 保障第三勢力長期存在的結構性要素

在瞭解第三勢力成長空間之後，下面將進一步探尋其背後更深層次的問題，是什麼因素使得第三勢力在台灣藍綠兩大黨深刻對立的二元結構下，始終能夠確保自身存在空間與成長餘地。

一是多元開放的社會是其存在的社會基礎。1987年台當局宣布解除戒嚴、開放黨禁之前，台灣社會長期處於國民黨高壓統治下，組黨等行為受到嚴令禁止，青年黨、民主社會黨等幾個所謂的反對黨早已是公認的「政治花瓶」，它們或領導人長期滯留海外而無法運作，或已基本停止活動，有的即使偶爾發聲，但在國民黨一黨獨大的威權統治下，根本無法發揮真正意義上政黨的作用。另外，戒嚴期間禁止集會、結社、遊行、請願、罷工、罷課等，因此也難以產生社會運動型第三勢力。1987年，蔣經國宣布解除戒嚴後，作為規範政黨活動的「人民團體組織法」和「選舉罷免法」完成修法程序，黨禁正式解除，反對黨可以「合法」存在，民眾結社等自由也得到保障，第三勢力的生存土壤逐漸復甦。此後，台灣形成一股組黨熱，政黨數目急劇增加，1989年就有23個政黨成立，到1994年，依法完成登記的政黨達到74個，這顯示隨著社會管制放鬆，人民組黨願望強烈，第三勢力的生存環境日漸寬鬆。[5]李登輝上台後，為讓國民黨早日擺脫內憂外患的困境，更為了鞏固個人地位，也採取了一系列民主改革措施，並於1991年宣布結束「動員戡亂體制」，開啟「憲政改革」。台灣政治環境的開放帶動了社會領域加速自由化，台當局對新聞媒體的管控也大幅鬆綁，台灣媒體業出現井噴式的發展態勢，第三勢力可便捷地透過報紙、雜誌、電視、廣播等媒體宣傳理念，爭取民眾支持。與此同時，西方民主化思潮也開始在台灣廣為傳播，民眾的政治認同、價值觀念日趨多元，對不同政治主張有了更加開放包容的態度，許多選民也呼喚在兩大黨之外出現新的政治勢力。

二是選民對兩大黨的不滿是其存在的背景條件。民進黨成立及解除黨禁，是台灣政治民主化進程中具有里程碑意義的重大事件，民進黨作為真正意義上的反對黨出現後，大批對國民黨統治不滿的民眾將希望寄託在民進黨身上，它也受惠於此而迅速占據了國民黨之外的大片政治真空地帶，並於2000年奪取政權。但民眾與民進

第 5 章　臺灣第三勢力存在的必然性與發展的侷限性

黨的蜜月期並未維持太久，上台後的民進黨雖試圖扮演「全民政黨」角色，但受藍綠二元對立結構制約及「核四風暴」、唐飛「內閣」倒台等影響，民進黨不斷退守深綠基本盤。隨著陳水扁連任壓力升高，民進黨開始大打統「獨」、族群牌，放棄「四不一沒有」的承諾，走向「一邊一國」，進而提出「防禦性公投」與「台獨時間表」，不斷上演各種形式的「法理台獨」鬧劇，兩岸關係呈高危、高對抗的緊張局面。民進黨上台後的這些做法，越來越引發民眾的擔憂與不滿。目前，民進黨仍堅持「事實台獨」的主張，黨內圍繞兩岸路線的爭議始終未停止，民眾對民進黨再度上台仍有一定的不信任感。反觀國民黨，雖在2000年丟掉政權後進行了大刀闊斧的黨務改革，降低了民眾對其「黑金政黨」的負面印象，尤其馬英九接任黨主席後，大力提升政黨清廉形象，並於2008年重奪政權。儘管如此，許多選民早已厭倦國、民兩大黨壟斷下的政黨格局，而且對國民黨老邁的政黨形象與根深蒂固的官僚文化深感不滿意，也對民進黨較為偏激的政治立場與訴諸民粹的競選策略不放心，因此內心渴望能有形象更加清新、沒有歷史包袱，能夠為台灣政壇帶來變革的第三勢力出現。

　　三是中間選民與極端型選民構成支持第三勢力的基本力量。無論是鐘形還是U型選民結構，或者不均衡型與多峰狀態下，兩大黨都不可能涵蓋所有選民，因此一部分中間選民與兩頭的極端型選民就成為第三勢力爭取的對象。根據前文所述，能構成第三勢力選民基礎的中間選民比例約為全體選民的5%—20%，[6]而極端型選民中，深綠選民約占全體選民的15%—20%，深藍占5%上下。理論上講，第三勢力選民基礎的上限可達到全體選民的45%，下限為25%。但在現實環境中，第三勢力選民基礎的上限是無法達到的，因為無論深藍還是深綠選民，都不可能全部放棄藍綠兩大黨轉投第三勢力。事實上，從2012年立委選舉台聯黨政黨得票率8.96%、新黨1.49%來看，第三勢力從極端型選民中爭取的支持最多僅能勉強過半，多數情況下還無法實現過半。就中間選民而言，受策略性投票及棄保效應等因素影響，其雖有支持第三勢力的意願，卻無法全部轉化為第三勢力的選票。

　　但討論第三勢力選民基礎的下限卻有一定參考意義。從2012年立委選舉政黨票得票情況看，國、民兩大黨之外的其他各黨派、團體總得票率達到20.83%，約相當於獲得超過270萬選民的支持，[7]這支數量可觀的選民群體就構成支持第三勢力的基本力量。但其未達理論上25%的選民基礎下限，這是因為並非選民基礎即可在投票

141

時全部轉化為政黨得票，再加上選民基礎之上未必存在有意參選的相應政黨，從而導致第三勢力的選民基礎與第三勢力最終得票之間存在落差，但其底限仍會在25%上下浮動。

四是政黨格局與選制設計為其生存提供製度保障。根據前文關於第三勢力要素的論述可知，第三勢力必須為兩大黨之外的力量，且只有在兩大黨接近勢均力敵而又有一定實力差距的情況下，第三勢力的生存幾率與成長空間才能實現最大化。目前國、民兩黨雙雄對峙，國民黨總體實力仍略占優勢。國民黨無論是執政還是在野，其基本盤略大於民進黨的格局從未改變，即使在民進黨執政的八年，國民黨所主導的泛藍陣營也長期控制立法院，並擁有多數基層縣市執政權，地方基層經營與黨員人數也都勝過民進黨。但民進黨支持者的凝聚力、動員效果要強於國民黨，因此在選情高度緊繃的情況下，可以爭取到第三勢力支持的一方，就可能搶先掌握制勝先機。立委選舉中，不分區部分比例代表制的設計，為突破5%政黨門檻的小黨提供了生存空間；此外，台灣各種層級的地方選舉也為第三勢力在基層突破兩大黨重圍、厚植基礎創造了條件。

5.3 第三勢力的價值與作用

政黨型第三勢力的幾次興起與重出江湖，都在台灣政壇掀起軒然大波。非政黨型第三勢力也不遑多讓，台灣僅有的兩次政黨輪替即與其關係密切，第三勢力的價值與作用主要體現在：

（一）影響政黨實力消長，推動政黨輪替。按照西方政治學理論，政黨輪替是判斷政治民主化程度的重要標準，但在實行兩黨制的國家或地區中，若某一黨相對較強，則另一大黨僅憑自身實力打倒對方非常困難。如果此時由第三勢力出頭扮演關鍵少數，就可能改變政黨力量對比，大幅增加政黨輪替的幾率。在台灣，1993年新黨的成立，使國民黨遭遇退台以來首次重大分裂，雖然國民黨形式上仍維持獨大地位，但這場分裂事實上已傷及國民黨元氣，新黨不僅帶走大批國民黨最忠貞的支持者，更如同牽走了國民黨的黨魂，導致國、民兩黨差距在隨後的選舉中迅速拉近，客觀上加速了民進黨登上執政舞台的進度。2000年親民黨成立，又讓本已元氣大傷的國民黨再遭重擊，政黨版圖進一步萎縮，親民黨則成為台灣政壇實力雄厚的

第 5 章　臺灣第三勢力存在的必然性與發展的侷限性

第三大黨。2012年「大選」中，雖然親民黨「總統」得票率只有2.8%，實力不可與當初同日而語，但其參選本身就直接改變了本場選舉的競爭態勢，不僅國民黨方面高度緊張，視宋為可能壓垮馬英九選情的「最後一根稻草」，民進黨方面的選戰策略也因親民黨參選而做出相應調整，親民黨一定程度上發揮了關鍵少數的作用。而第三勢力在立委選舉中政黨票總得票率突破20%，這意味著其有能力影響270多萬選民，若這部分第三勢力的支持者因某種原因在「大選」中發生大規模移動的話，也將對兩大黨實力對比產生重要影響。

非政黨型第三勢力的影響力也毫不遜色於政黨型第三勢力。2000年，宋楚瑜以無黨籍身份脫黨參選，直接引發政黨輪替的「大地震」，也讓民進黨首嚐執政的滋味。2004年「大選」結果看似受到「3‧19」槍擊案的影響，而至「連宋配」以2萬餘票的微弱差距敗於民進黨。但本次「大選」的廢票數達到33萬張，突然較上屆「大選」增加近21萬。在增加的21萬張廢票中，除了受選票有效性認定標準更加嚴格的影響外，外界普遍認為這與台北市前勞工局長、社運人士鄭村棋所領導的「百萬廢票聯盟」以及簡錫堦等領導的「泛紫聯盟」所推動的「投廢票運動」有關。根據台灣選舉的規律，深藍、深綠選民一般不會投廢票，廢票運動所訴求的主要是淺藍和淺綠選民及中間選民，而中間選民通常支持藍營的比例要高於綠營，淺藍板塊也要大於淺綠板塊，因此藍營候選人在「投廢票運動」中遭受的損失應大於綠營候選人。換言之，「大選」中第三勢力所發動的「投廢票運動」以及在其影響下廢票率增加、較上屆「大選」多出21萬張廢票，可能就是泛藍候選人最終以2萬票微弱差距惜敗於民進黨的關鍵。2006年，施明德領導的紅衫軍「倒扁運動」形成浩大聲勢，並一舉凝聚起「陳水扁下台、政黨要輪替」的強大民意，成為加速第二次政黨輪替的推進劑。

（二）滿足多元需求，擴大政治參與。近年來，台灣選民投票率逐年下降，不但地方選舉投票率低迷，就連全台性的立委乃至「大選」的投票率都出現了不同程度的下滑。導致選民政治參與熱情降低的重要原因包括，隨著民眾政黨認同日趨多元，許多選民越來越不願在兩大黨之間做出非藍即綠的選擇，而渴望在選舉投票時有更多新的選擇。同時，隨著利益主體多元化與利益訴求多樣化，國、民兩大黨已不可能代表所有利益群體，這就出現了選民利益訴求多樣化與原有政黨代表性不足之間的矛盾，從而引發選民政治參與的意願不高，或只能「含淚投藍、含恨投

綠」，甚至出現大量廢票。第三勢力的出現則可能成為新興利益群體的代言人，提升了選民政治參與的積極性。如台灣環保運動聲勢浩大，不但改變了個人的生活理念，而且重塑了一大批選民的政治認同，要求將環保理念上升為「立國之本」。在2012年立委選舉中，台灣綠黨不分區立委得票數從上屆的5.8萬票增加到22.9萬票，增幅近4倍，得票率直逼2%，已超越新黨而成為台灣第五大政黨。綠黨能夠超越新黨絕非偶然，重要原因就在於其「環保優先」的核心價值滿足了一部分選民的政治訴求。

（三）引領社會議題，提升政治品質。西方民主制度嫁接到台灣後，受台灣獨特的歷史背景與社會文化因素影響，諸多方面都出現了水土不服的變異現象，台灣長期充斥著「只問藍綠、不分黑白」的民粹化政治傾向，政壇被分為壁壘森嚴的藍綠兩大陣營，雙方惡鬥不斷，以致嚴重惡化了台灣的政治品質。很多情況下，中間理性的政治理念對選民的吸引力不敵那些極端偏執的宣傳，國、民兩大黨從鞏固基本盤及追求政黨利益的角度出發，或對極端價值觀念刻意迎合，或採取綏靖妥協路線，進一步加深了「台獨」理念與「民粹化」傾向的思想根基。有時兩大黨還以犧牲社會公平正義、民眾福祉為代價，換取某些利益集團的支持。這種情形下，就非常需要第三勢力基於民主理念與公平正義的原則，站出來扮演「社會良心」的角色，以正確引領社會議題，提升政治品質。

一是第三勢力出現有利於引入清新議題，提高兩大黨的政策質量。第三勢力普遍沒有歷史包袱，統「獨」、族群色彩不濃，無論是政黨主張還是代表人物，都宣揚清新政治理念，代表理性、務實形象。如親民黨成立之初即宣稱自己是「兼容並蓄的柔性政黨」、「推動清明政治的改革政黨」，台聯黨也打出關懷弱勢、走中間偏左路線的旗號。2004年「大選」競選過程中，國、民兩大黨仍陷於統「獨」、「族群」、「公投」等議題惡鬥不斷，台灣一些社會福利與社會運動團體對此深感不滿，聯合組成由簡錫堦任召集人的「泛紫聯盟」，以每週一議題的方式與藍綠陣營展開對話，期望透過議題引導的方式促使藍綠兩大黨認真解決實際問題，改善政治品質。例如針對政治人物在競選中不斷激化族群情緒的言行，「泛紫聯盟」要求其進行節制，否則將公佈「政治人物操弄族群語言一覽表」，同時還拜訪多家媒體，呼籲謹慎處理族群言論。在2012「大選」過程中，宋楚瑜強調親民黨是「三中」（中產階級、中下企業、中低收入戶）代言人和藍綠之間的「公道伯」，批評

第 5 章　臺灣第三勢力存在的必然性與發展的侷限性

藍綠兩大黨每天爭吵，不如花點時間照顧「三中」。特別是在「大選」最後階段的候選人辯論中，宋楚瑜將提問重點聚焦於關懷弱勢等民生議題，迫使兩大黨候選人競相圍繞經濟民生議題展開論述，做出更多有利於選民的切實承諾。

二是第三勢力出現有利於淨化選風。台灣選舉中的「選風」問題主要涉及兩個方面：能否杜絕買票，實現「乾淨選舉」；如何減少民粹操作，做到「理性選舉」。第三勢力的出現對實現上述目標具有積極作用。從「乾淨選舉」角度看，民主需要透過選舉，而選舉就要花錢，台灣的選舉正是「昂貴的遊戲」。政黨輪替前，國民黨長期習慣於利用基層樁腳進行選舉動員，買票賄選屢見不鮮，「黑金政治」問題非常突出。2000年，民進黨雖依靠「清廉」等誘人招牌上台執政，但取得執政權後的民進黨也難敵各種利益的誘惑，官商結合、圖利特定利益團體現象層出不窮，並最終爆發「陳水扁家族貪腐弊案」。從「理性選舉」角度看，台灣選舉中的病態行為堪稱程度較深、影響惡劣，兩大黨普遍利用統「獨」、族群、意識形態等敏感議題，不惜以揭歷史傷疤、撕裂族群、製造對立與仇恨等極端方式，實現凝聚基本盤、炒熱選情的目的。民進黨還善於製造選舉「奧步」，不但經常捏造散佈對手陣營的不實消息，甚至有自導自演了「3·19」槍擊案之嫌。反觀第三勢力，其代表人物早已厭惡兩大黨「比爛」的「民主內戰」，主觀上推崇「乾淨選舉」、族群融合等正面價值，客觀上則因資源有限，不可能以買票等方式與兩大黨抗衡，因而大打「清廉牌」、「安定牌」吸引選民，對淨化選風具有積極作用。

（四）加強政黨監督，提高政治透明度。從監督方式看，第三勢力對兩大黨的監督有體制內與體制外兩種途徑。

一是有利於加強體制內監督。如第三勢力透過立法院渠道，以黨團協商的方式與兩大黨展開協商，防止立法院決議成為兩大黨利益交換或暗箱操作的產物。根據規定，立法院為協商議案或解決爭議事項，可進行黨團協商，若各委員會所審查議案遇有爭議時，也需進行黨團協商。而有資格參與黨團協商的政黨需為每屆立委選舉當選席次達3席且席次較多的前五個政黨。第八屆立法院黨團就包括國、民兩黨及台聯黨、親民黨四個黨。黨團協商達成共識後，應即「簽名作成協商結論，並經各黨團負責人簽名，於院會宣讀後列入紀錄，刊登公報。對協商結論，經院會同意後，出席委員不得反對」，這表明黨團協商的結論具有一定約束力。[18]雖然台聯黨與親民黨的實力無法與兩大黨相提並論，但其擁有與兩大黨進行黨團協商的資格

後，很大程度上杜絕了兩大黨在某些議題上籤訂「密室協議」，提高了立法院的透明度。從近年來立法院重大法案都是在黨團協商中敲定來看，小黨若不簽字同意，協商就無法達成，小黨等於擁有實質否決權的籌碼。[9]

二是有利於完善體制外監督。在國、民兩大黨輪流執政並占據大多數政治資源的情況下，體制內監督有時淪為兩大黨相互鬥爭的工具，第三勢力欲發揮監督作用就不能僅依靠體制內渠道。首先，對社會運動型第三勢力而言，可透過社運方式，對兩大黨施政及政治人物進行監督。如施明德領導的「倒扁運動」，以浩大聲勢與廣泛動員，成為揭露陳水扁家族系列弊案，對當時擁有龐大執政資源的民進黨進行監督的強有力方式。其次，第三勢力還可透過媒體渠道，強化媒體監督的作用。台灣媒體都標榜客觀中立，以民眾代言人自居，兩大黨無法公然介入媒體運作。而第三勢力則不必背負兩大黨的政治包袱，加之其本身就是媒體關注的對象，因此可利用自身優質形象，引導媒體監督兩大黨的政策制定與執行過程。在2012「大選」中，宋楚瑜及親民黨經常成為選前收視率最高的政論節目《新聞面對面》等的座上賓與熱門話題，既幫助媒體賺足了收視率，同時也利用媒體宣揚了自身理念，效果等同於對兩大黨進行了政策引導與議題監督。若從第三勢力發揮監督作用的時間點來看，又可分為選戰監督與日常監督。選戰監督雖然短暫，但有利於導正兩大黨選風，提高「競選支票」的質量。第三勢力還可對兩大黨開展日常監督，作為政黨監督的重要內容。

當然，台灣第三勢力的價值與作用並非全都是正向的，它也會產生一些負面作用。一是某些第三勢力訴求主張偏激，不利於政治生態回歸理性。如台灣政壇已經泡沫化的「建國黨」及目前仍活躍的台聯黨都屬深綠政黨，以「台灣獨立建國」為主要宗旨，許多政策主張意識形態掛帥，不斷挑動社會對立情緒。台聯黨在2012年選舉拿下3席立委後，當即宣布未來進入立法院的首要任務就是「廢止ECFA」。[10] 在台灣主流民意皆支持ECFA及其後續協商的大背景下，台聯黨逆流而動，其目的就是要迎合少部分深綠支持者，這顯然不利於台灣政黨政治回歸理性，更與台灣民生利益相悖。二是可能增加社會動盪的幾率，激化社會對立情緒。除了某些政黨型第三勢力理念、行動較偏激外，社會運動型第三勢力的發展也可能引發社會動盪與對立。如紅衫軍「倒扁運動」雖獲得廣大民意的支持，但其全民動員的抗爭形式增加了社會動盪乃至流血衝突的幾率，對於社會穩定也會產生不利影響。三是消耗社

會資源,增加社會治理成本。無論是規模較大的政黨型、社會運動型第三勢力,還是零散的無黨籍人士及團體、脫黨參選者,其參與政治活動就要動用社會資源,而許多第三勢力喧囂一時就銷聲匿跡,這無疑是一種社會資源與成本的損耗。

5.4 第三勢力的未來前景

　　現代政黨誕生以來,關於政黨體制的爭論從未停歇,其中關於兩黨制與多黨制孰優孰劣就是焦點之一。一般認為,兩黨制較多黨制下的政局更加穩定,美英兩國實行的兩黨制就是典範。而義大利等施行多黨制的國家,內閣如「走馬燈」頻頻更迭,政局不穩勢必影響社會穩定與經濟發展。但也並不能就此武斷認為,兩黨制一定優於多黨制,因為各國各地區選擇何種政黨制度是多種因素共同作用的結果,其選擇的過程要受到歷史傳統、社會文化、地域特徵乃至領導人意願等主客觀因素的影響,有的國家實行多黨制也是其必然選擇。但總體而言,若一地區已形成較為穩固的兩黨制或兩大黨為主導的政黨體制,那麼打破這種結構必將導致政壇力量重組並可能付出政局動盪的代價。在台灣,以國民黨與民進黨為主導的政黨體制定型後,若第三勢力的發展打破了現有政黨格局之下的平衡體系,則首當其衝可能波及立法院的政黨實力對比,而一旦因立法院多黨混戰造成立法效率低下,則又會降低行政效率,進而影響整個政治體制的正常運轉,甚至引發社會動盪。如果第三勢力的發展直接引發政黨重組,那麼對台灣政治體制、社會結構造成的衝擊將更加劇烈。但在現實環境下,第三勢力能否不斷壯大,還受到諸多因素的影響。

　　正如前文所述,第三勢力存在具有必然性,同時其發展也有明顯侷限性。從藍綠政治板塊角度看,第三勢力很難與國、民兩大黨分庭抗禮,更不可能從根本上撼動藍綠兩大政治板塊。儘管親民黨與台聯黨在第三勢力中實力強勁,但仍分屬藍綠陣營,始終無法跳脫藍綠政治板塊的範疇。因此,從藍綠板塊角度看,所謂不斷壯大的第三勢力其實是一個假議題,即第三勢力的發展受藍綠二元對立結構制約,僅能維持一定的生存空間,不可能無限壯大。但若從價值功能角度看,第三勢力的存在又具有實實在在的價值和作用,因此要探尋有利於第三勢力發揮積極作用的方式,可從以下幾個方面思考:

　　一是改革政治制度。從政治體制上看,台灣現行的「總統制」不利於第三勢力

的生存發展。長期以來，台灣就有將美式「總統制」變革為「內閣制」的呼聲，若該設想付諸實施，則國、民兩大黨爭奪立委席次的競爭將更加激烈，第三勢力手中所掌握的立委席次與選票更成為兩大黨爭取的對象，第三勢力的發展空間與影響力可進一步擴大。從立委選制來看，目前單一選區的設計制約了小黨的發展，諸多小黨已多次提議要求改回原有的複數選區制，該提議若能獲透過，則第三勢力當選幾率將大為提高。

二是改良政治文化。雖然自由多元的社會環境日漸形成，但在政治文化上，因歷史因素造成的二元對立結構等弊端積重難返，台灣政治文化仍具有較明顯的狹隘型文化的特徵。欲徹底打破制約台灣第三勢力發展的思想枷鎖，還可從改良政治文化入手，妥善解決統「獨」、族群、國家認同上的分歧，建構良性、包容的政治文化。

三是提升保障力度。第三勢力發展困境的直接表現就是缺人、缺錢、缺選票，若能夠在選舉規則、「立院」議事、經費保障等方面設立「第三勢力保障條款」，從制度上提升對第三勢力保障與資助力度，即可為其發展創造更寬鬆友善的環境。如現行立委選舉獲得政黨票補助款的門檻為政黨得票率超過5%，這對於那些得票不足5%且「家底」本不殷實的第三勢力而言，無異於釜底抽薪，也使其選後的發展更加艱難，若能降低該門檻，則有助於第三勢力的持續發展。

四是提高自身素質。可從建立第三勢力內部民主機制入手，為內部不同聲音預留發聲渠道，及時排解矛盾，提升決策質量，防止出現「一言堂」局面而危害其長遠發展。還要加強自我監督，防止腐化墮落，維護第三勢力清新理性形象。此外，還應探尋第三勢力之間消弭分歧、加強合作的新思維與新路徑，聯合起來提升第三勢力影響力。

注　釋

[1].《還在氣馬？ 傅崐萁表態：我是佛教徒不記仇》，《中國時報》，2009年12月9日。

[2].《2009年縣市長選舉各政黨得票率及得票數》，《聯合報》，2009年12月6日。

第 5 章　臺灣第三勢力存在的必然性與發展的侷限性

[3]. 本次立委選舉不分區部分，綠黨得票率為1.74%，新黨1.49%，其他參選政黨或團體共取得3.15%。

[4]. 　此處的策略性投票是指在選舉中，選民發現自己最厭惡的政黨可能上台，因此轉投自己的次優選擇來阻止自己最不希望上台的政黨當選，客觀上降低了本來欲支持的第三勢力的得票。

[5]. 葛永光著：《政黨政治與民主發展》，台灣空中大學，1998年。

[6]. 見本書第2章第6節第1目。

[7]. 根據2012年第八屆立委選舉不分區得票情況看，國、民兩大黨之外的其他各黨派及參選者總得票率達到20.83%，約相當於獲得274萬選民的支持，但最終轉化為席次的有效票只包括親民黨、台聯黨選票，其餘約6%的選票則因未能跨過政黨門檻而被國、民、親、台聯黨瓜分。

[8].《政黨門檻 無盟無黨立委盼調降》，「中央社」，2012年3月4日。

[9].任如昔著：《在野黨實力增，可以鬧一鬧》，《財訊》390期，2012年1月19日。

[10].《台聯首要任務 推動廢「ECFA」》，《聯合報》，2012年1月15日。

參考書目

一、專著

（一）大陸專著

1.阿倫·李帕特著：《選舉制度與政黨制度：1945—1990年27個國家的實證研究》，上海世紀出版集團。

2.安東尼·唐斯著，姚洋等譯：《民主的經濟理論》，2010年8月第2版。

3.陳孔立著：《台灣歷史綱要》，九州出版社，2006年。

4.黃嘉樹、程瑞著：《台灣選舉研究》，九州出版社，2002年。

5.黃嘉樹著：《國民黨在台灣1945—1988》南海出版公司，1991年。

6.菊池貴晴著，劉大孝譯：《中國第三勢力史論》，天津人民出版社，1991年。

7.李文、趙自勇等著：《東亞社會運動》，社會科學文獻出版社，2009年版。

8.梁素貞等著：《政黨與政黨制度》，人民出版社。

9.林岡著：《台灣政治轉型與兩岸關係的演變》，九州出版社，2010年8月第1版。

10.劉方志著：《連戰與宋楚瑜》，九州出版社，2005年。

11.劉國深等著：《台灣政治概論》，九州出版社，2006年。

12.劉紅、鄭慶勇著：《國民黨在台五十年》，九州出版社，2006年。

13.邁克爾·羅斯金著，林震等譯：《政治科學》，中國人民大學出版社，2009年4月第1版。

14.彭維學著：《「台獨」的社會基礎》，九州出版社，2008年。

15.全國台灣研究會編：《台灣2004》，九州出版社。

16.全國台灣研究會編：《台灣2005》，九州出版社。

17.全國台灣研究會編：《台灣2006》，九州出版社。

18.全國台灣研究會編：《台灣2007》，華藝出版社。

19.全國台灣研究會編：《台灣2008》，華藝出版社。

20.全國台灣研究會編：《台灣2009》，華藝出版社。

21.榮敬本主編：《政黨比較研究資料》，中央編譯出版社。

22.薩托利著，王明進譯：《政黨與政黨政治》，商務印書館，2006年版。

23.王長江主編：《世界政黨比較概論》，中共中央黨校出版社。

24.王長江著：《政黨的危機——國外政黨運行機制研究》，改革出版社。

25.王長江著：《政黨論》，人民出版社，2009年10月版。

26.王家瑞主編：《當代國外政黨概覽》，當代世界出版社。

27.王建民等著：《泛藍、泛綠》，九州出版社，2007年。

28.王建民著：《台灣地方派系與權利結構》，九州出版社，2003年。

29.徐鋒著：《當代台灣政黨政治研究》，時事出版社，2009年。

30.許介鱗著：《李登輝與台灣政治》，社會科學文獻出版社，2002年。

31.嚴泉、陸紅梅著：《台灣的中產階級》，九州出版社，2009年5月第1版。

32.餘克禮、賈耀斌主編：《海峽兩岸關係60年圖鑒》，長江出版社，2010年。

33.餘克禮、周志懷主編：《〈台灣週刊〉看十年政局演變》，台海出版社，2005年。

34.趙曉呼主編：《政黨論》，天津人民出版社。

35.中國社會科學院台灣研究所編：《台灣研究年度報告》（1997年至2001年共5冊），華藝出版社。

36.中國社會科學院台灣研究所編：《台灣研究年度報告》（2002年），九州出版社。

37.周淑真著：《政黨和政黨制度比較研究》，中國人民大學出版社，2001年版。

38.周淑真著：《政黨政治學》，人民出版社，2011年版。

39.周淑真著:《中國青年黨在大陸和台灣》,中國人民大學出版社,1993年版。

(二)台灣專著

1.陳郁秀編著:《用心愛台灣——台灣社會運動發展簡史》,時報文化出版企業股份有限公司,2002年。

2.葛永光著:《政黨政治與民主發展》,台灣空中大學印行,1998年。

3.郭正亮著:《變天與挑戰》,天下遠見出版股份有限公司,2000年。

4.何明修、林秀幸主編:《社會運動的年代:晚近二十年來的台灣行動主義》,群學出版有限公司,2011年。

5.何明修、蕭新煌著:《台灣全志‧卷九‧社會志社會運動篇》,「國史館台灣文獻館」,2006年。

6.何振盛著:《政黨體系變遷與憲政體制發展》,時英出版社,2010年。

7.黃世明著:《台灣全志‧卷九:社會志‧社會多元化與社會團體篇》,「國史館台灣文獻館」,2006年。

8.黃子華著:《李登輝的治國理念與政策》,黎明文化事業股份有限公司,2006年。

9.蔣永敬著:《國民黨興衰史:增訂本》台灣商務印書館股份有限公司,2009年。

10.廖雨辰、陳其邁著:《新黨震盪》,希望出版事業有限公司,1995年。

11.廖忠俊著:《台灣地方派系及其主要領導人物》,允晨文化實業股份有限公司,2000年。

12.潘英等著:《國民黨與共產黨》,明文書局,1990年。

13.彭懷恩著:《台灣政治發展》,風雲論壇出版社有限公司,2003年。

14.彭懷恩著:《政治學》,台灣空中大學出版,2004年。

15.施茂林主編：《最新基本小六法》，世一文化事業股份有限公司，2009年。

16.施明德著：《總指揮的告白：二〇〇六紅衫軍運動三週年紀念》，財團法人施明德講座基金會，2009年。

17.蘇永欽主編：《政黨重組：台灣民主政治的再出發？》，財團法人新台灣人文教基金會，2001年。

18.王業立著：《比較選舉制度》，五南圖書出版有限公司，2006年。

19.蕭新煌、顧忠華主編：《台灣社會運動再出發》，巨流圖書公司，2010年。

20.楊泰順著：《政黨政治與台灣民主化》，財團法人民主文教基金會，1991年。

21.張慧英著：《李登輝：1988—2000執政十二年》，天下遠見出版股份有限公司，2000年。

22.張茂桂著：《社會運動與政治轉化》，業強出版社，1994年。

23.中島嶺雄、長谷川慶太郎著：《後李登輝時代風雲》，台灣先智出版事業股份有限公司，2001年。

24.周陽山著：《國會見證：獻給新黨的朋友》，時英出版社，2004年。

25.周陽山著：《李登輝執政十年》，風雲論壇出版社有限公司，1998年。

26.周陽山著：《新黨的台灣情》，世界書局，1995年。

27.周奕成等合著：《第三社會的想像：超越對抗，走向共同未來》，天下遠見出版股份有限公司，2007年。

二、論文

（一）大陸博士及碩士論文

1.陳健著：《台灣選舉制度的政治學分析》，中國人民大學博士論文。

2.陳星著：《台灣民主化的另一面：從政治衰退的視角看台灣政治變遷》，中國人民大學博士論文。

3.郭小明著：《新世紀國民黨由「敗選」到「勝選」的原因及兩岸關係走勢分析》，首都師範大學碩士論文。

4.胡鋼著：《台灣親民黨論析》，首都師範大學碩士論文。

5.李江峰著：《英國自由民主黨及其政治功能》，河北師範大學碩士論文。

6.連唸著：《親民黨成立背景及發展研究》，廈門大學碩士論文。

7.劉錫斌著：《台灣地方自治制度研究》，中國人民大學博士論文。

8.龍虎著：《台灣政治轉型中的社會運動研究》，中國人民大學博士論文。

9.湯韻旋著：《李登輝與國民黨三次分裂》，福建師範大學碩士論文。

10.王軍著：《美國第三黨及其政治功能》，河北師範大學碩士論文。

11.文勝武著：《台灣政壇「第三勢力」的發展空間分析——一種公共選擇的視野》，廈門大學碩士論文。

12.燕子著：《台灣團結聯盟變遷與轉型》，廈門大學碩士論文。

13.葉興藝著：《現代中國第三勢力現正設計研究》，吉林大學博士論文。

14.張華著：《1996年以來台灣領導人選舉選民投票行為研究》，中國人民大學博士論文。

（二）台灣博士及碩士論文

1.蔡韻竹著：《國會小黨的行動策略與運作》，政治大學碩士論文。

2.陳建志著：《政治轉型中的社會運動策略與自主性：以貢寮反核四運動為例》，東吳大學碩士論文。

3.陳詩瑜著：《我國政黨重組之研究——從1977年到2005年》，台灣師範大學碩士論文。

4.鄧宇敦著：《台灣政黨選舉結盟至探究——以國、親、新三黨為例》，成功大學碩士論文。

5.範碩鳴著：《民主化下台灣的社會運動外部策略研究》，政治大學國家發展研究所碩士論文。

參考書目

6.封國晨著：《從「反貪腐倒扁運動」檢視其議題建構與框架策略》，世新大學碩士論文。

7.何秋美著：《政治危機處理的策略與評估——以2006年「倒扁」事件為例》，東吳大學碩士論文。

8.黃國虹著：《台灣第三勢力之空間分析》，台灣大學碩士論文。

9.黃清賢著：《台灣解嚴後的政黨競爭——以空間理論分析》，政治大學碩士論文。

10.黃昭展著：《選舉制度改革與台灣團結聯盟的發展》，台灣中山大學碩士論文。

11.林冠妙著：《2000年台灣政黨輪替後社會運動團體之轉型——以台灣環境保護聯盟（TEPU）為例》，台灣師範大學碩士論文。

12.林瑞隆著：《單一選區兩票制對我國政黨政治的影響》，台北市立教育大學碩士論文。

13.羅月英著：《政黨聯盟的經驗——兼論國民黨、親民黨之政黨整合》，中國文化大學碩士論文。

14.邱文衡著：《鐘形民意分佈下政黨真的是向心競爭？：Downs中間選民定理的反例》，東吳大學碩士論文。

15.湯雲騰著：《2000年後台灣政黨的聯合》，台灣師範大學碩士論文。

16.吳思宜著：《台灣紅衫軍運動之政經分析》，台灣大學碩士論文。

17.許雅文著：《議題型政黨的生存與發展——以德國綠黨與台灣新黨為例》，台灣中山大學碩士論文。

18.薛永華著：《新黨的發展與衰退——歷史研究途徑的分析》，中國文化大學碩士論文。

19.姚庭輝著：《2004年總統大選社會運動意涵之研究》，東吳大學碩士論文。

20.朱曉玉著：《我國獨立選民投票行為之研究：2000年與2004年總統選舉之分析與比較》，銘傳大學碩士論文。

21.朱增宏著：《威權與社會運動——社會運動參與者的反省，以核四

再評估為例》，世新大學碩士論文。

22.莊天憐著：《台灣政黨體系的變遷：1986—2008》，政治大學博士論文。

三、其他文獻

（一）大陸文獻

1.安麗梅著：《淺析德國綠黨興起的歷史背景》，《安陽師範學院學報》，2008年。

2.才華著：《試論美國大選中的第三黨》，《燕山大學學報》（哲學社會科學版），2007年12期。

3.範曉軍著：《泛國民黨陣營整合與台灣未來政局》，《台灣研究集刊》，2001年第2期。

4.葛敏著：《當代台灣利益集團的結構功能分析》，《台灣研究》，1996年第2期。

5.胡長青著：《歐洲綠黨現象評析》，《天府新論》，2006年第6期。

6.郁慶治著：《綠黨的歐洲化與歐洲民主：功能與侷限》，《歐洲一體化研究》。

7.李劍著：《從宗派到黨派——柏林布魯克與現代政黨觀的起源》，《當代世界與社會主義》（雙月刊），2009年第1期。

8.李樂曾著：《德國政黨力量的消長與政黨格局的重組》，《德國研究》，1996年第2期。

9.李琳著：《中產階級與政黨政治》，《湖南省社會主義學院學報》，2008年第3期。

10.李振廣著：《當代台灣政治文化轉型探源》，中國經濟出版社，2010年3月第1版。

11.林勁著：《民進黨與台聯黨關係分析》，《台灣研究集刊》，2003年第1期。

12.劉冰著：《美國的茶黨運動》，《中國人大》，2010年12月。

13.劉國深著：《利益集團在政治過程中的角色與功能》，《學術月刊》，2000年第5期。

14.劉性仁著：《論西方政黨重組概念——以台灣08年後之個案分析為例》，《廈門廣播電視大學學報》，2007年第2期。

15.裴宜理著：《社會運動理論的發展》，《當代世界社會主義問題》，2006年第四期。

16.秦遠好著：《論美國第三黨競選總統失敗的決定性原因》，《西南師範大學學報》，1999年3月。

17.沈素紅、邢來順著：《20世紀80年代以來德國綠黨對德國政治的影響析論》，《長江論壇》，2006年第4期。

18.孫雲、文勝武著：《台灣政壇「第三勢力」的發展空間分析——一種公共選擇的視野》，《世界經濟與政治論壇》，2009年第3期。

19.《台灣第三勢力有政治空間嗎》，《中國評論》，2009年8月號。

20.唐富靈著：《第三黨在美國政治進程中的作用——以美國大選為背景》，《國際問題研究》，2009年12期。

21.唐文方等著：《台灣中間選民的特徵及選舉行為》，《國際政治科學》，2007年第3期。

22.王長江著：《西方學者的兩種政黨觀》，《團結》，2000年第4期。

23.王鴻志著：《台灣的「第三勢力」》，《兩岸關係》，2008年第1期。

24.王英著：《台灣利益集團與政治發展的互動關係研究》，《江海學刊》，2008年4月。

25.王芝茂著：《從新社會運動到政黨：德國綠黨興起的原因和結果》，《理論界》，2007年第1期。

26.王仲著：《1980—90年代台灣民間組織與社會運動的互動關係探析——以環境運動為例》，《華東理工大學學報》，2011年第2期。

27.吳春城著：《台灣第二品牌政黨的困境——第五、六屆立委選舉親民黨與台聯黨政黨品牌之變化》，《台灣研究集刊》，2005年第3期。

28.謝郁、曾潤梅、趙會可、吳宜著：《從2004年選舉透視台灣的中間選民》，《台灣研究》，2004年第4期。

29.徐步、張征著：《美國中期選舉及茶黨興起的影響》，《南開學報》（哲學社會科學版），2011年第1期。

30.楊劍著：《台灣政黨政治與「中間選民」》，《世界經濟與政治論壇》，2004年第2期。

31.葉興藝著：《現代中國第三勢力的淵源流變》，《甘肅社會科學》，2005年第6期。

32.張華著：《台灣中間選民投票行為分析》，《台灣研究集刊》，2010年第6期。

33.張亦民、趙向前著：《試論台灣政壇的「第三勢力」》，《中央社會主義學報》1994年第2期。

34.趙伯英著：《英國大選和新政府面臨的挑戰》，《當代世界》，2010年6月。

35.趙敏著：《美國茶黨運動初探》，《現代國際關係》，2010年第10期。

36.趙正平著：《第三勢力崛起台灣》，《世界知識》，2007年第24期。

37.周淑真著：《試論21世紀初世界政黨發展的新特點》，《當代世界與社會主義》（雙月刊），2006年第4期。

38.周淑真、馮永光著：《美國政黨組織體制運行機制及其特點》，《當代世界與社會主義》（雙月刊），2010年第3期。

（二）台灣文獻

1.葛永光著：《政黨與選舉：面向、重點與議題》，《空大學訊》，2011年8月16日。

2.林水波著：《政治弔詭及其管理——以發展第三勢力為例》，《政策研究學報》，第9期。

3.王文斌著：《綠營樂見胡鎮埔伺機扳倒孫大千》，《新新聞》，第1285期。

4.吳文程著：《憲政體制、政黨政治與選舉制度》，《東吳政治學報》，1994年第3期。

5.蕭怡靖、黃紀著：《單一選區兩票制下的一致與分裂投票：2008年立法委員選舉的探討》，《台灣民主季刊》，2010年9月。

四、主要報紙雜誌

《台灣研究》

《台灣研究集刊》

《兩岸關係》

《台灣週刊》

《中國評論》（香港）

《聯合報》（台灣）

《中國時報》（台灣）

《自由時報》（台灣）

《旺報》（台灣）

《新新聞》（台灣）

《財訊》（台灣）

《天下》（台灣）

國家圖書館出版品預行編目(CIP)資料

臺灣政治第三勢力的發展與演進 / 王鴻志 著. -- 第一版.
-- 臺北市：崧燁文化，2019.01

　面 ；　公分

ISBN 978-957-681-752-6(平裝)

1.臺灣政治

573.07　　　　107023358

書　名：臺灣政治第三勢力的發展與演進
作　者：王鴻志 著
發行人：黃振庭
出版者：崧燁文化事業有限公司
發行者：崧燁文化事業有限公司
E-mail：sonbookservice@gmail.com
粉絲頁　　　　　　網　址：
地　址：台北市中正區重慶南路一段六十一號八樓815室
8F.-815, No.61, Sec. 1, Chongqing S. Rd., Zhongzheng
Dist., Taipei City 100, Taiwan (R.O.C.)
電　話：(02)2370-3310　傳　真：(02) 2370-3210
總經銷：紅螞蟻圖書有限公司
地　址：台北市內湖區舊宗路二段121巷19號
電　話：02-2795-3656　傳真：02-2795-4100　網址：
印　刷：京峯彩色印刷有限公司（京峰數位）

　　本書版權為九州出版社所有授權崧博出版事業股份有限公司獨家發行電子書繁體字版。若有其他相關權利及授權需求請與本公司聯繫。

定價：350 元

發行日期：2019 年 01 月第一版

◎ 本書以POD印製發行